本项目得到南水北调文物保护工程专项资金资助

主　编

岳洪彬　梁法伟　苗霞

岳占伟　王浩天　赵艳利　王涛

考古学专刊

乙种第五十一号

辉县汉墓群出土铜镜修复、保护与研究

——河南省南水北调中线工程文物保护研究项目

中国社会科学院考古研究所
河南省文物考古研究院　编著

文物出版社

图书在版编目（CIP）数据

辉县汉墓群出土铜镜修复、保护与研究：河南省
南水北调中线工程文物保护研究项目 / 中国社会科学
院考古研究所，河南省文物考古研究院编著. -- 北京：
文物出版社，2022.1

ISBN 978-7-5010-7240-8

Ⅰ.①辉… Ⅱ.①中… ②河… Ⅲ.①汉墓—古镜—
铜器（考古）—研究—辉县 Ⅳ.①K875.24

中国版本图书馆CIP数据核字（2021）第195630号

辉县汉墓群出土铜镜修复、保护与研究
——河南省南水北调中线工程文物保护研究项目

编　　著：中国社会科学院考古研究所
　　　　　河南省文物考古研究院

装帧设计：秦　彧
责任编辑：秦　彧
责任印制：张　丽

出版发行：文物出版社
社　　址：北京市东城区东直门内北小街2号楼
邮　　编：100007
网　　址：http://www.wenwu.com
经　　销：新华书店
印　　刷：北京荣宝艺品印刷有限公司
开　　本：889mm×1194mm　1/16
印　　张：25
版　　次：2022年1月第1版
印　　次：2022年1月第1次印刷
书　　号：ISBN 978-7-5010-7240-8
定　　价：520.00元

序

孔祥星

当我看到《辉县汉墓群出土铜镜修复、保护与研究——河南省南水北调中线工程文物保护研究项目》（以下简称《辉县汉墓铜镜》）著作文稿时，欣喜油然而生。正如本书《壹 南水北调中线工程辉县路固汉墓的发掘与研究》文中所说："辉县路固汉代墓葬的发掘，应是豫北地区汉墓规模较大、也较为系统的一次发掘，不但墓葬群的空间布局清楚，而且出土遗物也很丰富，为豫北地区的汉代墓葬制度研究提供了重要资料。"我觉得在推进中国古代铜镜学科体系、学术体系和话语体系建设的当下，在深化和细化铜镜研究的进程中，特别需要紧密结合墓葬出土铜镜资料进行探讨的著作。

1. 别具特色的内容和框架结构

多年来，我一直在强调有关考古出土铜镜的著作一定要结合出土铜镜的载体，主要是对墓葬进行系统地研究，尤其是一些范围比较集中的墓葬出土的铜镜。较早时期一些地方出版的出土铜镜图录，对于认识中国不同时代、不同地域出土的铜镜状况是很必要的。《洛阳烧沟汉墓》《广州汉墓》等著作对于研究汉代铜镜的类型和发展具有启迪作用，但铜镜只是书中的一个部分。此后《长安汉镜》《南阳出土铜镜》等著作以墓葬出土铜镜作专题研究，资料集中，数据较多，得出的结论科学性强，能全面系统地了解某一时期铜镜的诸多方面。

本书与我们常见的铜镜研究著作不同，其内容包含了辉县路固汉墓的概况和学术价值、辉县汉墓出土铜镜的类型、修复和保护，路固墓地铜镜的 X 射线成像分析及便携式 X 射线荧光光谱仪对路固墓地铜镜的表层成分分析等。尤其是用了大量的篇幅阐述铜镜的修复和科学技术检测的内容，自然科学成果与考古学成果相辅相成，完全出乎我的意料。其篇目编排、框架结构、撰写方法等均显示出与一般铜镜著作不同的特性。

2. 重视考古出土铜镜的修复保护工作

多年以来，我在研究中国古代铜镜时，深切感到必须加强对考古出土铜镜的修复保护工作。众所周知，汉代墓葬发掘的数量庞大，在中国古代铜镜中，出土的汉镜数量最多。不可否认，这些出土汉镜中有相当数量的铜镜锈蚀和破损较重、品相差、纹饰和铭文难以辨识。考古文博工作者在整理研究出版铜镜著作时，往往对这些铜镜不予重视，弃之不用。

本书中收录的 146 件铜镜中，有 52 件是修复过的铜镜。将一个地区墓葬中出土的铜镜，如此规模地集中予以修复，令人惊叹！反映出考古发掘者、整理者高度重视考古出土铜镜的修复保护工作，充分认识到修复保护这些铜镜的必要性和重要性。书中展示的图像，形象地看到了每件铜镜修复前后的状况以及镜背纹饰修复前后的辨识程度，修复前有 27 件铜镜纹饰无法辨识，占比一半以上。修复后不仅使我们看到了这些铜镜的完整状态，为类型的划分提供了可辨识的纹饰铭文，更为整理研究出版这批铜镜提供了更多的数量，加深了对这个墓群出土铜镜的全面性和整体性的认识。

在这里，我还要特别强调一点，书中科技人员总结的修复保护理念、原则及工艺流程，不仅仅为修复保护铜镜留下了丰富的经验和方法，更重要的是为如何保护铜镜文化遗产提供了多维度的思考。

3. 大数据模式下的铜镜检测研究

中国古代铜镜的科学技术研究是中外学者关注的重要课题，作为一名文博学者，我一直希望更多的科技专家参与研究，同时我又多次呼吁考古学者能提供更多的考古出土铜镜资料，多方协作，建立和积累铜镜的相关数据库。

我的想法尽管得到学者专家的认同和支持，但由于各种原因，实际操作起来还是相当困难的。主要是检测者能检测的铜镜样本有限，不仅数量很少，而且采集地域分散，藏品性质复杂，有考古出土品，也有征集的传世品。

没有想到，本书会在检测的样本方面给了我们如此大的惊喜：数量众多，地域集中，来源明确。科技专家对路固墓地出土的铜镜表层成分进行分析研究时，在出土的98件铜镜中，共检测了89件铜镜，获得了237个有效采集点。如此规模的铜镜检测研究不仅是"实属少见"简直有"空前绝后"的感觉。正如文中所说：样本量越大则越可能避免或者修正潜在的数据误差。路固汉墓墓地此次的铜镜分析研究，对于今后铜镜相关数据库的完善以及大数据模式下进一步对铜镜的科学技术研究是极其重要的。

阅读本书中有关铜镜科学技术研究的文章，明显感觉到这些具有专业知识的学者，对中外学者的研究成果和学术水平有清楚的认识，对检测的方法和相关仪器的优势和局限也进行了分析。在铜镜的研究中，不受原有研究范式的束缚，突出不同学科的优势，以不同项目为中心，整合各种研究方法，本书给了我们许多有益的启迪。

4. 集中地呈现出辉县出土铜镜的时代发展脉络，类型和共存关系

《长安汉镜》收录了301件汉镜资料，出土这些铜镜的墓葬大多数属于西汉时期。《南阳出土铜镜》收录的铜镜主要是宛城区东苑小区一带墓葬出土的，在4000余座墓葬中，有453座墓出土了500件铜镜，这些出土铜镜的墓葬绝大多数是西汉墓，东汉中后期墓仅10余座，唐及其以后墓葬有20余座，可知这些铜镜主要流行于西汉时期。

本书收录的铜镜有146件，来源于两批资料，一是路固148座汉墓中71座墓出土的98件铜镜；二是辉县市博物馆收藏的百余座汉墓出土的52件铜镜。值得注意的是，出土铜镜的这些墓葬绝大多数是东汉时期的，西汉墓仅仅6座，这与《长安汉镜》《南阳出土铜镜》墓葬时代正好互补。

正是这一时代因素，辉县汉墓铜镜类型显示了不少特殊性，这里仅举几个例子。

第一，铜镜类型，根据作者所划分的不同类型铜镜的数量看，在140多件铜镜中连弧纹镜有47件，占比相当高，其次是各类博局镜，有29件，四乳禽兽人物镜有24件之多。没有一件西汉时代及其流行的草叶纹镜，铭文镜类中，除了流行的日光镜、昭明镜外，没有较流行的铜华铭、清白铭等铭文镜，也没有一件双圈铭文镜。

第二，铜镜纹饰、铭文和尺寸，除了书中《辉县路固汉墓出土变形四叶羽人镜简论》一文专题介绍的这件纹饰极少见的铜镜外，似乎没有什么特别的纹饰，其实只要分析一下，还是能够总结出一些带规律性的现象，例如博局镜中的纹饰多取象简朴。铜镜铭文，前面我们已经提到的铭文镜类的

一些现象，其他有铭文的铜镜中，如博局镜等镜类主要是"尚方作镜真大好（巧）"内容的铭文，其他系列的铭文很少。铜镜尺寸，20 厘米以上铜镜极少，10 厘米以下铜镜有 60 多件。

不同类型铜镜数量显示出如此大的不平衡，除了时代因素外，是否有地域或其他原因呢？因此，辉县汉墓不仅为我国北方东汉时期墓葬出土的铜镜的类型及流行时期增加了更多的科学发掘的资料，而且也让我们去思考更多的问题。

关于出土铜镜的组合情况，《南阳出土铜镜》453 座墓葬中有 410 座墓出土 1 件，35 座墓出土 2 件，5 座墓出土 3 件，2 座墓出土 4 件，1 座墓出土 6 件。《辉县汉墓铜镜》146 件铜镜出自 110 座墓，其中 28 座墓出土 2 件铜镜，4 座墓出土 3 件铜镜。此书十分重视墓葬中出土铜镜的组合，不仅在附表中标注了墓葬中出土铜镜的组合关系，还特别列出了 10 余幅铜镜组合的图像资料。墓葬中出土铜镜多元并存的组合关系，为我们了解丰富多变的汉代铜镜不同类型的出现、流行和衰落趋势以及不同时期各种镜类是一个重要的方面。

5. 简明的表格，丰富的图像资料

本书在各个专题中，附有不少表格，这些表格化繁为简，一目了然，综合排比，能使我们发现问题、分析问题。以《辉县汉墓出土铜镜和组合关系表》为例，此表列出了出土铜镜墓葬的时代、铜镜在墓葬中的组合关系、铜镜尺寸等。可以很清晰地看到各类型铜镜在汉代不同时期的流行趋势。例如辉县新莽东汉初年墓葬中出土了哪些类型的铜镜：5 件昭明镜、3 件四乳四虺镜、2 件四乳禽兽镜、1 件七乳禽兽镜、6 件四神博局镜。又如博局镜的不同类型在辉县汉墓中随葬情况：A 型四神博局镜：新莽东汉初 6 件，东汉早期 1 件、中期 3 件。B 型禽鸟博局镜：东汉早期 3 件、中期 4 件。C 型简式博局镜：东汉中期 2 件，晚期 4 件，还有 5 件仅标注东汉时期。D 型简式龙虎博局镜：东汉中期 1 件。以上这两组数据表明，新莽东汉初年流行四神博局镜，而其他的各型博局镜时代稍晚一些。

现在学界都十分关注图像学研究，在出版铜镜著作时，我非常强调图像的运用，特别是汉代铜镜。图像所具有的直观性、微观性是我们用文字难以表述的。本书在铜镜类型学研究中，每枚铜镜均列出了镜面、镜背照片，镜背拓本及 X 射线影像。这也是别出新意的图像展示。一般来说镜面照片出现极少，X 射线影像除了铜镜检测研究外，几乎不见于常见的铜镜研究著作中。几十年前当"徐州镜""扬州镜""绍兴镜"等名称在民间收藏界流行时，我就呼吁文博考古人员，关注不同地区出土铜镜的表层状况、锈蚀特征，这对于铜镜地域性研究是一个重要方面。由于时代变化和埋藏铜镜环境的不同，不同地区的铜镜会呈现出一些特色的表层状况和锈蚀现象，尤其是铜镜镜面更为突出。当然观察这类铜镜，必须首先是考古出土的资料。本书在这方面为我们辩证地分析铜镜的形形色色样态提供了科学的资料。

总之，本书在中国古代铜镜研究中，构建了多元多维的研究视角和内容框架，汇聚了不同专业学科领域的专家学者，提供了科学发掘整理的考古资料，全面介绍各个领域的研究成果，成为本书最重要的特色。

2021 年 11 月 26 日

目　录

论

文

壹 南水北调中线工程辉县路固汉墓的发掘与研究

苗 霞 岳洪彬 王 涛[*]

2006～2007年，为配合河南省境内国家南水北调中线工程干渠建设，中国社会科学院考古研究所临时组建辉县考古发掘队，在河南省新乡市辉县市孟庄镇路固村西南，南水北调干渠范围内进行考古钻探和发掘，发现了一处古代墓地。墓地以两汉时期墓葬为主，共有148座，另有少量宋代和明清时期墓葬。汉代墓葬的年代从西汉中晚期到东汉晚期，少数墓葬可能晚至三国时期[1]。为了便于了解本书所著录铜镜的背景信息，现将路固汉墓的发现和研究情况做简要介绍。

一 墓葬形制和随葬品特点

路固汉代墓地由1座房基、1座陶窑、1眼水井（水井应是陶窑的配套设施）和148座汉代墓葬组成。发掘时根据需要把遗迹所在范围分为A、B、C三个发掘区。房基位于C区，应是路固汉代墓葬群的墓地祠堂建筑。陶窑位于A区中部偏南，从路固汉代墓葬中大量用砖的情况看，这应是专门为路固汉代墓葬群提供墓葬用砖的陶窑。房基和陶窑均为墓地设施一部分的现象，在北方地区汉魏时期墓地中比较常见。路固汉代墓地中，墓葬以成组的形式相对集中分布，很少见到单独的墓葬。这些相对集中分布的墓组，很可能是某个层级的社会组织的墓地，比如家庭，或者家族。

148座汉代墓葬，除有1座因现代坟叠压无法发掘未进行分型外，其余的147座墓葬根据墓道形制不同分六型。A型为竖井式墓道墓。B型为台阶式长墓道墓，墓道与洞室间有竖井，根据墓道为直或斜的差异分两亚型：Ba型为直长墓道墓，Bb型为斜长墓道墓。C型为斜坡式长墓道墓，墓道壁有明显的进棺槽，依墓道为直或斜的差异分两亚型：Ca型为直长墓道墓，Cb型为斜长墓道墓。D型为斜坡式长墓道墓，墓道壁无明显的进棺槽，依墓道为直或斜的差异分两亚型：Da型为直长墓道墓，Db型为斜长墓道墓。E型为台阶式长墓道墓，带过道和天井，依墓道为直或斜的差异分两亚型：Ea型为直长墓道墓，Eb型为斜长墓道墓。F型为双墓道墓。

路固汉墓出土遗物较多，其中以陶器为大宗，还有铜器、铁器、银器、玉器、石器、琉璃器、玛瑙器、铅器、骨器、漆木器、铜钱等。陶器主要有鼎、瓿、罐、盆、盘、碗、钵、樽、勺、魁、仓、灶、井、圈等，按照形制和使用功能可分为仿铜陶礼器、日用陶器、祭祀类陶器、模型明器和动物俑等五类。

竖井墓道单室墓中，有的墓葬规模非常小。如BM42，仅能容下一棺，随葬器物仅在棺内发现一枚"小泉直一"铜钱。

* 苗霞、岳洪彬：中国社会科学院考古研究所。王涛：南京大学历史学院。

[1] 中国社会科学院考古研究所：《辉县路固》（上、中、下），科学出版社，2017年。

规模稍大的单室土洞墓，出土遗物很少，最多的也仅有 10 余件，或无随葬品。出土遗物稍多的墓葬中，铜钱、骨饰等多放于棺内，陶器等多放在棺外的空间内。部分未被盗扰的墓葬，随葬品放置有序，陶樽和耳杯放置于前堂中部，两侧放置陶仓、井、灶等。

规模更大的带耳室单室土洞墓，出土遗物的种类和数量均较多，最多的可达 80 件。未被盗扰的墓葬随葬品摆放有序，如陶罐常放于后室前边沿，陶樽、耳杯置于棺前，陶壶、小壶、罐、小罐、盘、井、灶等均放置于耳室内，铁刀、银指环、玛瑙心形饰、铜镜、铜钱等多放在棺内墓主附近。

竖井墓道墓葬中，带耳室的砖室墓仅有 3 座，且均被盗扰。这 3 座墓虽被盗，仍遗留有不少随葬品，少者 10 余件，多者达 50 件。随葬品除耳室内的基本还在原来的位置外，其他的多已被扰乱。

竖井带斜坡墓道单室墓，根据墓室形制和规模不同分三个等级。

一是等级最低的无耳室土洞墓，随葬品较多，多者可达 49 件；部分墓葬被盗扰严重，随葬品残存不足 10 件。未被盗扰的墓葬，随葬品的放置位置也较有规律，铜镜、饰品和武器等置于棺内墓主附近，陶器置于棺外的棺床上，或放置于前堂内。

二是等级稍高的带耳室土洞墓，随葬品较多，最多者达 63 件。棺内墓主附近有装饰品、武器、印章、铜镜、铜钱等。陶罐多置于后室前边沿，案、勺、魁、耳杯、樽、盘等祭祀用陶器多置于前堂中部，罐、仓、井、灶、圈、长方形盒、铅或铜车马器等多置于耳室内。由于部分墓葬耳室较浅或仅有单耳室，除在耳室放随葬品外，前堂两边及棺床前也放置有陶器。

三是等级最高的带耳室砖室墓，随葬品也最多，被盗扰严重的墓葬也出土有 10～20 件随葬品，部分保存相对较好的墓葬随葬品最多可达 73 件。随葬品的摆放位置与带耳室土洞墓相似，祭祀用器物多置于前堂中部，陶罐、仓、井、灶、圈等放置于耳室内。

斜坡墓道单室墓，根据墓葬形制和墓室规模不同分四个等级。

一是墓室规模最小的土洞墓，均保存完好，随葬品均较少，最少的仅 2 件，多者也不足 20 件。随葬品以陶器为主，祭祀用器物多放置于棺前或前堂中部，其他陶器或放置于棺附近，或放置于前堂。墓主附近器物极少，仅 AM7 棺内出土有铁刀、铜镜、铜钱，其他墓葬均未出土。

二是墓室规模略大的无耳室土洞墓，随葬品相对较多，为 10～30 件，未被盗扰的 AM39 随葬品最多，为 44 件。墓主附近的器物种类和数量都有所增多，包括铜镜、铜钱、武器、工具、饰品、铅镜和粉块。祭祀用陶器多放置于前堂中部，其他陶器则放置于木棺外的空间内。

三是墓室规模较大的带耳室土洞墓，随葬品更丰富，即使被盗扰严重的墓也出有 10～20 件，未被盗扰的 BM8 出土遗物为 59 件。未被盗扰的墓葬中，祭祀用器物多放置于前堂中部，其他陶器均放置于耳室内。被盗扰的墓葬中，前堂内随葬品未被盗走，而是多被扰动或打碎。尤其值得注意的是，多数被盗墓葬中的铜镜仍在。其余陶器出土于耳室内。棺内墓主附近的器物的种类和数量均较多。

四是墓室规模最大的带耳室砖室墓，随葬品最丰富。由于砖室墓多数被盗扰，随葬品多被扰动，组合已不完整，墓主附近的随葬品较多，尤其是铜器、铁器和玉石器等明显多于前三个等级的墓葬。

墓地有 6 座穹隆顶双室墓，规模均较大但被盗扰严重。很多随葬品出土于盗土内，墓室内随葬品已所剩无几，保存相对较好的墓葬残留有 30 余件随葬品。

横前堂单后室墓，根据墓室形制不同分两个等级。

一是规模相对较小的土洞墓室墓，有双棺墓和单棺墓。双棺墓出土随葬品较多且随葬品摆放有序，祭祀用器物放置于前堂中部，其他陶器放置于前堂一端，饰品、武器和工具置于棺内墓主附近。单棺墓的随葬品相对较少，少则 14 件，多则 32 件，放置位置与双棺墓相同。

二是规模较大的砖砌墓室墓，多被盗扰严重，有些墓葬仅出土 10 余件随葬品，虽被盗扰但保存相对较好的 AM21 出土了近 100 件随葬品。大部分陶器放置在前堂，还有墓葬在前堂开一耳室置放随葬品。

横前堂双后室墓仅发现 1 座，被严重盗扰，随葬品仅残存 24 件，陶器除少量放在后室外，大部分放置在前堂。

总体来说，随葬品数量与墓葬形制及规模均有关，土洞墓、单室墓随葬品较少，砖室墓的随葬品相对较多，但砖室墓和双室墓多被盗扰，因而砖室墓残存随葬品较少，随葬品的原始随葬情况不得而知。随葬品中，祭祀用器物多放置于前堂中部，其他陶器多放置于前堂两侧，或放置于耳室内，或放置于棺床附近，铜镜、铜钱、工具、武器和饰品等多放置于棺内墓主身体周边。

二　分期与年代

综合墓葬形制、随葬品及组合情况，将路固汉代墓葬分为五期。因发掘报告对随葬陶器的分期情况已有详细介绍，在此不再赘述。

1. 第一期

墓葬形制常见 A 型和 Ba 型、Bb 型，偶见 Da 型，以 A 型最为常见。多数墓葬上部无坟丘，少数发掘时发现坟丘痕迹。如 AM50 地面有明显的坟丘范围，坟丘范围平面呈椭圆形，堆积黄花土，夹杂黑褐色土颗粒。墓葬多数向北，少数向东。多数为土洞墓，部分用砖封门，均无甬道。部分墓葬用小砖铺地，少数为砖室墓。墓室以单墓室为主，多有一个耳室，少数有两个耳室，整体呈"T"字形。部分墓室后部有生土棺床，多为两棺，有的棺床上铺砖。有两棺的墓主均为一男一女，应为夫妻合葬墓。

结合墓葬形制、出土陶器的形制和组合，推断此期墓葬的时代为西汉中晚期至西汉晚期。此期墓葬出土的铜镜类型为日光镜。

2. 第二期

墓葬数量增多，形制也较第一期复杂多样。除第一期流行的 A 型墓仍较多外，Ba 型墓和 Bb 型墓的数量也较多，成为此期的主流墓形，新出现少量 Db 型、Ea 型、Eb 型和 F 型墓葬。该期出现的"一担挑"式竖井墓道双洞室墓，为此墓地汉墓群所仅见。大部分竖井带斜坡墓道单室墓上有坟丘，而竖井墓道单室墓有坟丘的较少。墓葬仍以北向为主，少数向东。墓室长度增加，多有耳室，少数呈"T"字形或"十"字形。除部分墓葬为土洞墓、墓室为生土地面外，用砖现象也普遍增多，多数墓葬墓室为小砖铺地，或为砖室墓。新出现 2 座三棺墓，墓室规模稍大；其余仍以双棺葬为主；少部分小墓为单棺室，墓室较小。

结合墓葬形制、出土陶器的形制及组合，推断此期墓葬的时代为新莽至东汉初年。此期墓葬出土铜镜有昭明镜、博局纹镜、四乳镜和七乳镜。钱币中出现了"小泉直一""大泉五十""货泉"等，但未出现建武五铢钱。

3. 第三期

以 Ba 型、Bb 型墓葬最为多见，A 型墓数量减少，新出现了 Ca 型和 Cb 型墓，有少量的 Da 型和 Ea 型墓，出现穹隆顶双室墓和横前堂双后室墓。Ba 型和 Bb 型墓上多有坟丘，有的在坟丘前或坟丘上设置砖砌供台。如 AM23 的坟丘堆积位于天井南部，平面呈椭圆形，堆积褐色土，间杂黄土和红土颗粒。供台位于墓道尾端，现存有三层砖，底层为顺砖平铺，供台面保存两排砖，北部为三块丁砖平铺，南部为一块平铺顺砖。此期墓葬仍以北向为主，少数朝东，新出现南向和少量西向墓。约一半的墓葬有一个或两个耳室。B 型墓多有砖砌棺床。此期有一座三棺墓，此墓后室棺床上置两棺，前堂置一棺。双棺墓和单棺墓所占比例较大，前者略高于后者。

结合墓葬形制、出土陶器的形制和组合，推断此期墓葬的时代为东汉早期。此期墓葬出土的铜镜类型有日光镜、博局纹镜、四乳镜、连弧纹镜和云雷纹镜。

4. 第四期

A 型墓已不见，Ba 型和 Bb 型墓数量也很少，Ca 型、Da 型墓大量出现，成为主要的墓葬形制，新出现横前堂后室墓。墓室正上方地面上多有坟丘堆积，有些还有供台。如 BM5 的坟丘位于墓道北侧，大致在墓室上部，平面近椭圆形，堆积褐色土，间杂黄土、红土颗粒。在塌落坟丘南部居中及墓道近封门处地面上均有塌落的砖构供台，有部分砖塌落到墓道内。砖构供台范围较大，保存较完整的为一顺一丁砖结构，共有三至五层。该供台原来的具体位置、结构不明，推测可能建于坟丘之上。墓葬仍以北向为主，东、南、西向墓也有少量发现。多为单耳室墓，双耳室墓较少，单室墓墓室后部多有棺床。此期仍以双棺墓为主，有 6 座三棺墓，三棺墓的墓主均为一位男性两位女性。墓主均为仰身直肢葬。

结合墓葬形制、出土陶器的形制和组合，推断此期墓葬的时代为东汉中期。此期墓葬出土的铜镜类型有昭明镜、博局纹镜、连弧纹镜、云雷纹镜、四乳镜、五乳镜、七乳镜、龙虎纹镜等。

5. 第五期

主要为 Ca 型和 Da 型墓，有少量 F 型墓。均为斜坡墓道墓，仍以单室墓为主，也有穹隆顶墓和横前堂后室墓。墓室上部地面多有坟丘堆积，有些还有供台。如 CM3 的坟丘堆积位于墓道北端，平面形状不规则，堆积黄褐色土，间杂少许红土颗粒和残砖。供台位于坟丘堆积的南部居中，坟丘和砖砌供台均随墓室塌落，原始形制不明，从发掘情况来看为平砖平砌，砖至少有五层。墓内也多有棺床，单室墓大小不一，常见一个耳室或无耳室，有两个耳室者极少。有 3 座三棺墓，1 座横前堂墓，仍以双棺墓和单棺墓最为常见。

结合墓葬形制、出土陶器的形制和组合，推断此期墓葬的时代为东汉晚期。此期墓葬出土的铜镜类型有简式博局纹镜、四乳镜、四乳人物画像镜、五乳四神纹镜、连弧纹镜和变形四叶纹镜等。

三　对路固汉墓群的认识

路固汉代墓葬分布密集，排列整齐，形制多样。从墓葬形制、出土遗物等可以了解汉代的很多丧葬礼仪。下面对墓上坟丘、墓内祭祀、墓主人身份、葬俗及路固汉墓的营建和被盗问题等进行简要分析。

1. 关于墓上坟丘

路固墓地汉墓均为带墓道的洞室墓，75% 以上墓葬的墓室洞高在 1.8～2 米，像 BM26 墓室洞高为 3.06 米，BM27 墓室洞高为 3.3 米。在营造墓室的过程中必然会掏挖出大量的积土。大多数墓葬的墓室塌落，塌陷坑中堆积用土与周围的土质地明显不同，而与地面以下五六米深处的生土相同。由此推测，这些塌陷坑中的堆积应是营建洞室时掏挖出来的土，这些堆积很可能就是墓上坟丘，像 AM21、AM25、AM31、BM61 等墓上坟丘的体量可能还非常庞大。部分墓葬不但坟丘高大，还有在坟丘上用砖的现象，如在 AM40、BM5、CM3 的坟丘塌陷堆积上都发现有砖，可能为墓上祭祀用的供台。除坟丘顶外，更常见的是在坟丘前面用砖砌一个简单的供台，如 AM23、AM59、AM73、CM2、CM3 等坟丘前都有明显的砖砌供台。这些现象的发现，对豫北地区汉墓的墓上制度研究提供了重要的实物资料。

墓上封丘兴起于东周时期，至两汉时期被普遍使用。但依墓主身份地位的高低，坟丘的形制也有不同。《汉律》规定："列侯坟高四丈，关内侯以下至庶人各有差"。墓葬封土形制，以帝陵帝后为最高规格，呈覆斗形，诸侯、公子公主也使用，以锥形、山形、圆形常见。但路固汉墓群的墓葬规格普遍较低，应属平民家族墓地，坟丘的形制可能也较随意，由于没有保存较好的资料，其具体形制已无法了解。

2. 关于墓内祭祀

在路固墓地汉墓中，有用于家族祭拜的祠堂，也有墓上坟丘和坟丘前祭祀用供台，墓室内也普遍存在祭祀的现象。从考古发掘遗存来看，墓内祭祀主要表现在两个方面：一是墓室规模较大的墓葬在墓室前堂，墓室规模较小的墓葬则在棺前，横前堂墓葬则在前堂一侧设专门的砖砌供台，摆放一组祭祀用器物。祭祀用器物通常由数量不等的陶案、樽、耳杯、盘、盆、魁、勺等组成，极少数墓葬中还有陶鼎与盒。根据时代、墓葬规模、墓主人的富裕程度不同，祭祀用器物的组合也各有不同。二是部分墓葬在墓内祭祀时使用动物牺牲，用作祭祀的动物有完整的猪、猪头、猪腿或禽类，猪通常与祭祀用器物一起置于前堂，禽类或置于前堂地面，或盛放于放在陶案上的陶盘内，也有盛放在案上的耳杯中。墓内祭祀用器物绝大多数为一套，极少数墓葬内有两套。墓内祭祀应该是在墓主下葬后举行的仪式[1]。有学者认为，在墓内的祭祀分扮演祖先的尸到来之前、尸在场的时候以及尸离开后的阶段。第一阶段称为"阴厌"，在室内东南角举行，这个仪式被视为"阴"的原因是东南角光线不佳而显得幽暗。这里有一个空的神座，包括一席和一几（或案），暗示作为酒食接收者的祖先之神。祭祀的方式是巫师主持仪式，在此期间，孝子进入室内，鞠躬，在神座前下拜和祈祷。第二阶段是正祭，这个阶段的祭祀是在主室，这个仪式中祭奠的对象是进入宗庙、穿过庭院、进入内宅与主人和宾客相会的尸。这个祭祀仪式成了宾主多次交换现酬的表演。第三阶段是尸离开祭室，祭奠被转移到室的西南角。后续的仪式被称为"阳厌"。和前面的"阴厌"一样，这个仪式也是奉献给一个空的"神座"，食物和酒被奠于空设的几席之前[2]。而墓葬上部的供台，应是埋葬之后或后人扫墓时祭祀的地方。

3. 关于墓主人身份

从发掘情况看，路固汉代墓地应是当时一个普通村落的墓地。墓地内的汉代墓葬多为夫妻合葬墓，墓主多数为成年人，也有年龄为八九岁的儿童。从墓葬形制、墓内随葬器物看，墓主应是普通民众，尤其是女子和孩子。但也有相当高比例的墓主可能是军职人员。在 148 座汉代墓葬中，有近 50 座墓葬出土有兵器，占汉墓总数的 33.7%。兵器种类有铁剑、铁刀、铁矛、铁戟、铁镞、铜弩、铜刀、铜镞等，其中以铁剑和铁刀最为常见。多数一墓出土 1 件铁剑或 1 件铁刀，部分墓葬出土 2 件或多件不同类型的兵器，如 AM36 和 AM57 为铁剑、戟同出，AM48 和 BM69 为铁剑、铜镞同出，AM62 和 BM17 为铁剑、矛同出，AM21 为铁戟、矛同出，BM75 为铁戟、铜镞同出，AM39 为铁剑与 2 件镰形兵器共出等。

两汉时期有着严格的兵役制度，以征兵制为主要集兵制度，男子 23 岁就要承担两年常备兵役，

---

[1] 苗霞：《河南辉县路固汉墓墓内设奠遗存研究》，待刊。

[2] 施杰：《交通幽明——西汉诸侯王墓中的祭祀空间》，巫鸿主编《古代墓葬美术研究》第二辑，湖南美术出版社，2013年。

一年卫戍京师，一年为郡国地方兵，兵役期结束后可回乡成为预备役兵，国家有需要时可以随时征召。东汉时期，征兵制度逐渐弱化，地方豪强势力渐起，主要是从自己控制下的依附农民中招募部曲私兵，地方武装势力大增。到东汉末年和三国时期，征兵制逐渐被世兵制所取代。世兵制就是兵、民分离，出现了兵户，兵户家的成年男子终生为兵，形成一个以当兵为世业的职业兵阶层。路固汉代墓地所处时代恰处于执行征兵制的晚期，最后可能还处于征兵制向世兵制的过渡阶段，因此墓地中普遍随葬兵器的现象也就不难理解了。

4. 关于葬俗

墓地共发掘 148 座从西汉中晚期至东汉晚期的墓葬，墓葬形制多样，有单人葬、双人葬和三人葬等。随葬器物中，武器类随葬品多出土于男性墓主一侧，装饰品多在女性一侧，男、女均有随葬铜镜的现象。墓地有 20 多座墓葬出土有呈圆柱饼形、半圆形或半椭圆形的粉块，这些粉块常见于棺内，且多和铜镜等共出。有学者根据在墓中的位置、出土及伴出遗物等推测是汉代人常用的粉状化妆品[1]。墓地中还有一些墓葬内有一些较为特殊的现象。如 BM36 形制较为特殊，虽也是竖井式墓道墓葬，有两个墓室，但墓室位于墓道的两端，是墓地中唯一的墓例。BM20 也是竖井式墓道墓葬，和其他同类墓葬不同的是，此墓在墓道内距墓口 0.6～1.3 米处填有较大的青石块。还有部分墓葬有些随葬品的位置较为特殊，如 BM68、BM72 等的陶圈放在墓室后室靠近后壁处，而墓地绝大多数墓葬随葬的陶圈多和其他陶器放在耳室或前堂两侧。

个别墓葬有不同于其他墓葬的葬俗，如 AM61 在墓葬墓道由上向下第六、七、九、十二级台阶面上各放有铜钱一枚，第十一级台阶面上放有铜钱四枚。有七座墓葬在墓道近墓门处放置有铁镲。少数墓葬如 BM22 的两位墓主头下、三棺墓 BM23 两位女性墓主的头下放有陶筒瓦。AM23 为双重券门墓，此类墓葬在墓地等级较高，墓内随葬器物也很多。但此墓女性墓主棺内的铜镜却为残片，在此墓地中属于较为罕见的墓例。"破镜难重圆"，可能就是说的此类现象。

《孔子家语》认为："男二十而冠，有为人父之端；女十五许嫁，有适人之道"。有学者认为汉代男子的普遍初婚年龄为 14～18 岁，十三四岁至十六七岁，为汉代女子的初婚年龄之常态[2]。AM74 为墓地较为少见的双室砖墓，随葬器物不是普通常见的灰陶器，而是均为绿釉陶器。墓内有一男一女，年龄均为七八岁，应为夫妇合葬墓。但墓主的年龄小于汉代初婚的平均年龄，这有两种可能性，一种是二人的结婚年龄很小，二是二人为冥婚。除此之外，也有三人墓葬，多为一男二女，也有夫妇和子女的合葬墓，如 AM59 和 BM7。

墓地中墓葬均为仰身直肢葬，墓主头绝大多数朝向墓门，只有 AM70 墓主头朝向墓室后壁。AM70 还在成年女性墓主棺内发现有 3～5 岁儿童的乳牙。

5. 关于路固汉墓的营建和被盗问题

路固墓地汉代墓葬的营造非常有规律。首先选定位置，开始营造墓道，有的为斜坡状，有的有台阶；挖到一定深度，开始向前水平掘进，营造墓门及墓室。从墓道内挖出的土，在落葬完毕后再回填回墓道，从墓室里挖出的土，则堆积在墓室的上方形成坟丘。墓室规模越大，挖出的土就越多，坟丘也就越宏大。坟丘的前面，有些会用砖摆成供台，供台再向前 1 米左右，往往就是墓门。发掘的时候绝大多数墓室已塌陷，坟丘也随墓室塌陷而沉落，以致和地面持平。但是，精准的盗洞位置，不由得让人认为盗扰的时间可能很早，不排除就在下葬之后不久，甚至就是"热盗"，AM17 和 AM61 明显就

---

[1]　赵春燕、岳洪彬、岳占伟：《南水北调河南辉县路固汉代墓群出土白色粉块的化学分析及相关问题》，《华夏考古》2013 年第 3 期。

[2]　彭卫：《汉代婚姻形态》，中国人民大学出版社，2010 年，第 67、69 页。

是尸骨未寒时便已被盗掘。AM17 为东汉晚期墓葬，在墓道近封门处有一个直径约 2.5 米的圆形盗洞，墓室内被盗扰严重。值得注意的是其中一位墓主的人骨不在其所应该在的后室，而是位于前堂一端祭台的前面，此人骨未散乱，大部分保存完整，应是墓主在未完全腐朽时被盗扰。《史记·货殖列传》记载："中山地薄人众，犹有沙丘纣淫地余民，民俗懁急，仰机利而食。丈夫相聚游戏，悲歌慷慨，起则相随椎剽，休则掘冢作巧奸冶"[1]。司马迁在《史记》中列举汉代职业时，把"掘业"（即盗墓）与"田农""博戏""形贾""贩脂""卖浆""洒削""胃脯""马医"等并列，而且排序上仅次于田农。曹操当年设置的"摸金校尉"和"发丘中郎将"均属此类。从考古发现看，盗墓现象可能最早出现于西周时期，有学者认为殷墟西北岗王陵有些在西周时期便已被盗。汉墓被盗的情况更为严重，有"十墓九空"的说法。从路固汉代墓葬被盗掘情况看，当时的盗掘很是猖獗，有不少应该是葬入后不久即被盗掘。因为盗墓盛行，为防止被盗，其他地区的汉代墓葬内还发现有护墓咒语，如山东金乡鱼乡村的一块汉墓墓门压槛石上残存有 27 个文字，内容为"诸敢发我丘者令绝毋户后疾设不详者使绝毋户后毋谏卖人毋……"意思是"凡是敢盗我墓的人，叫他断子绝孙，即使不是有意破坏者也一样，请不要出卖我去告诉别人……"[2]

6. 辉县汉墓群发掘的学术意义

辉县路固汉代墓葬群的发掘，应是豫北地区汉墓规模较大、也较为系统的一次发掘，不但墓葬群的空间布局清楚，而且出土遗物也很丰富，为豫北地区的汉代墓葬制度研究提供了重要资料。除路固两汉墓地外，在辉县域境南水北调河线区域内还发现大量两汉墓地，如武汉大学考古系主持发掘的大官庄汉墓，辉县市博物馆主持发掘的庞村墓地、张雷墓地、赵雷墓地和金河小屯墓地，[3] 宁夏回族自治区文物考古研究所主持发掘的路固村北汉墓群、重庆市文物考古研究所主持发掘的路固村南汉墓群等，共清理 600 余座汉墓。其中武汉大学考古队在大官庄发掘 1 座带有九个墓室的东汉墓，是辉县发掘区内清理的规模最大的汉代墓葬，出土 1 件铜镜，直径接近 30 厘米，这在以往发掘的辉县汉墓中所不见。

"中原地区汉墓的考古学研究，20 世纪 50 年代由于《烧沟》的整理出版取得了重要成果，但此后的几十年，却一直停留在《烧沟》的水平上。事实上，汉代是中国古代丧葬制度发生重大转折的时期，夫妻合葬、墓中设奠、家族合葬都在这一时期出现或形成制度，丧葬观念上也发生重大转变，即由重'礼'转变为重'俗'，与现实生活相关的随葬品和壁画题材在墓中日渐流行。但中原地区汉墓的研究，在这些领域显然都不够深入"[4]。辉县两汉时期墓葬的集中发掘，为深入研究豫北地区两汉时期家族墓地的规制和社会经济生活等都提供了丰富的实物资料，也为夫妻合葬、墓中设奠、家族合葬等的研究提供了十分重要的资料。

---

[1] （汉）司马迁：《史记》，中华书局，1959年，第3263页。

[2] 宫衍兴、李一：《济宁的两块汉代刻石》，《汉碑研究》，齐鲁书社，1990年，第382页。

[3] 河南省文物局编著：《辉县汉墓（一）》，科学出版社，2014年。

[4] 中国社会科学院考古研究所：《中国考古学·秦汉卷》，中国社会科学出版社，2010年，第402页。

贰 南水北调中线工程辉县段汉墓出土铜镜的类型学研究

苗 霞 岳占伟 岳洪彬 王 涛[*]

路固汉代墓葬群共发掘汉代墓葬 148 座，出土铜镜 98 件，其中 4 件残破严重，形制不辨，其余 94 件除少数稍有残缺外，大部分保存良好，形制清晰。本文所用铜镜的编号与《辉县路固》发掘报告相同，AM 代表 A 区墓葬，BM 代表 B 区墓葬，CM 代表 C 区墓葬。[1] 此外，南水北调中线干渠河线施工过程中，辉县市博物馆在巡护期间抢救性发掘过百余座汉墓，出土铜镜 52 件，多数残破严重，经中国社会科学院考古研究所文化遗产保护和研究中心王浩天研究员团队精心修复保护，除残失过半的 2 件铜镜无法修复外，多数修复完整。[2] 两者可看出形制的铜镜共有 146 件。下文中的"路固汉墓出土"，即指辉县市孟庄镇路固村汉墓群所出铜镜；"辉县市博物馆藏"，即指辉县市博物馆在抢救性发掘时出土的铜镜；器物号的遗址缩写中，HCD 为城关镇东石河遗址，HCN 为城关镇南关村遗址，HBX 为百泉镇小官庄遗址，HBZ 为百泉镇赵庄遗址，HBY 为百泉镇杨庄遗址，HBD 为百泉镇大官庄遗址，HBZ 为百泉镇赵雷遗址（2009HBZM24、M27 属此遗址，带 2009HBZ 的其他墓葬属赵庄遗址），HBB 为百泉镇百泉村遗址，HML 为孟庄镇路固遗址，HMN 为孟庄镇南陈马村遗址，HGP 为高庄镇庞村遗址。根据纹饰、铭文、保存状况以及通常铜镜的分类方式，将 146 件铜镜分为十七类。下面分类别进行介绍，其中特别注明了不同类别铜镜间的共存关系。

（一）素面镜

共 3 件。镜面较平，镜体较薄。钮较小。标本 2009HBYM43：1（图版一、二）、2009HBYM56：6（图版三、四）、2009HGPM76：7（图版五、六）。

未发现与其他类型铜镜有共存关系。

（二）星云纹镜

共 2 件。连峰钮或三弦带形钮，内向十六连弧纹缘或素缘。标本 2009HBZM27：2（图版七、八）、2009HBYM94：4（图版九、一○）。

[*] 苗霞、岳占伟、岳洪彬：中国社会科学院考古研究所。王涛：南京大学历史学院。

[1] 中国社会科学院考古研究所编著：《辉县路固》（上、中、下），科学出版社，2017年。

[2] 王浩天、岳超红、李其良、郭正臣：《叁 南水北调中线工程辉县汉墓出土铜镜的修复和保护》，见本书第27~51页。

未发现与其他类型铜镜有共存关系。

（三）日光镜

共 3 件。分别出自 3 座墓葬，其中 1 件（BM58：26）残破严重，仅能辨别为日光镜，其余不详。半球形钮，圆形钮座，素缘。标本 BM75：1（图版一一、一二）、BM20：21（图版一三、一四）。

未发现与其他类型铜镜有共存关系。

（四）昭明镜

共 7 件。分别出自 7 座墓葬。6 件保存完整，1 件（AM62：48）残破严重，能看出为昭明镜，但形制无法判断。半球形钮，根据铭文不同分两型。

A 型　1 件（AM51：28）。圆形钮座，素缘。非方正铭，即铭文为非篆非隶的篆隶式变体，字铭间有"而"，字体结构不甚规范，简笔现象突出（图版一五、一六）。

B 型　5 件。方正铭，根据纹饰不同分三式。

Ⅰ 式　2 件。圆形钮座，素缘。钮座外有一周宽凸弦纹，钮座与凸弦纹之间为四组短竖线与四组弧线组成的纹饰带，之外为内向连弧纹、铭文带与两组短斜线纹相间环列。标本 AM72：1（图版一七、一八）、BM36：4（图版一九、二〇）。

Ⅱ 式　2 件。圆形钮座，锯齿纹和双线波折纹两重纹饰带缘。钮座外有一周宽凸弦纹，钮座与凸弦纹以及凸弦纹与内向八连弧纹之间为四组短竖线与四组弧线组成的纹饰带，之外为内向八连弧纹、铭文带与两组短斜线纹相间环列。标本 AM3：1（图版二一、二二）、AM76：1（图版二三、二四）。

Ⅲ 式　1 件（CM21：1）。扁桃形四叶钮座，锯齿纹和双线波折纹两重纹饰带缘（图版二五、二六）。

有一组共存关系：BM36：4（B Ⅰ 式）与四神博局纹镜（BM36：1）共存（图 2-1）。

（五）四乳镜

共 24 件。路固汉墓出土 17 件，辉县市博物馆藏 7 件。根据四乳间纹饰不同分四型。

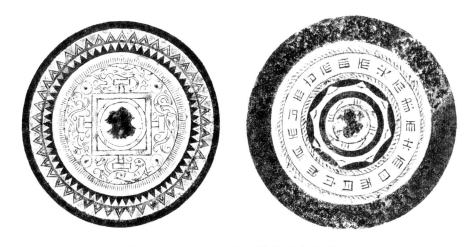

图 2-1　BM36 出土铜镜的共存组合

A 型　9件。四乳四虺纹镜。半球形钮，宽素缘，根据铜镜大小和纹饰布局不同分四个亚型。

Aa 型　1件（BM17：1）。较大。十二连珠纹钮座，钮的穿孔朝向两乳（图版二七、二八）。

Ab 型　1件（BM29：8）。较大。扁桃形四叶钮座，钮的穿孔朝向两乳之间（图版二九、三〇）。

Ac 型　3件。较小。圆形钮座，钮的穿孔朝向两乳之间。钮座外为相间的四组短竖线和四组短弧线组成的纹饰带，之外两组短斜线纹带之间为主纹饰带，主纹饰虺纹内、外各有一只鸟纹。标本BM77：1（图版三一、三二）、AM40：2（图版三三、三四）、AM40：6（图版三五、三六）。

Ad 型　4件。较小。圆形钮座，钮的穿孔朝向两乳之间。钮座外为相间的四组短竖线和四组短弧线组成的纹饰带，之外两组短斜线纹带之间为主纹饰带，主纹饰虺纹外侧靠近缘部有一只鸟纹，内侧为弧线。标本 BM28：1（图版三七、三八）、BM11：3（图版三九、四〇）、AM21：23（图版四一、四二）、2009HBZM24：3（图版四三、四四）。

B 型　10件。四乳禽兽纹镜。半球形钮，圆形钮座，根据主纹饰内容不同分三个亚型。

Ba 型　1件（AM63：1）。四乳龙虎纹镜。宽素缘，钮的穿孔朝向两乳之间。钮座外纹饰自内而外依次为短弧线和短竖线纹饰带、凸弦纹，之外两组短斜线纹带之间为主纹饰区（图版四五、四六）。

Bb 型　1件（BM14：1）。四乳龙凤纹镜。素缘。钮座外纹饰自内而外依次为四组短竖线纹与四组短弧线纹带、凸弦纹，之外两组短斜线纹带之间为主纹饰区，主纹饰区外为凸弦纹和双线折线纹带（图版四七、四八）。

Bc 型　8件。四乳禽鸟纹镜。锯齿纹缘或素缘。钮座外即为主纹饰区。标本 BM56：1（图版四九、五〇）、AM67：5（图版五一、五二）、AM7：1（图版五三、五四）、AM10：18（图版五五、五六）、AM71：1（图版五七、五八）、2009HBZM57：1（图版五九、六〇）、2009HCNM114：2（图版六一、六二）、2009HBXM123：4（图版六三、六四）。

C 型　3件。四乳人物画像镜。半球形钮，圆形钮座，钮的穿孔朝向两乳之间，外缘分别为锯齿与卷云纹缘、锯齿纹缘、锯齿与双线波折纹缘。钮座外即为主纹饰区，之外为铭文带。标本BM21：23（图版六五、六六）、CM2：19（图版六七、六八）、2009HBZM53：6（图版六九、七〇）。

D 型　2件。四乳几何纹镜。半球形钮，圆形钮座，锯齿纹缘。钮座外为主纹饰区。标本2009HCNM120：3（图版七一、七二）、2009HMNM1：44（图版七三、七四）。

共存关系有十组：BM17：1（Aa 型）与云雷无铭连弧纹镜（BM17：8）共存，AM40：2（Ac 型）与四乳四虺纹镜（AM40：6）共存，AM21：23（Ad 型）与七乳四神纹镜（AM21：30）共存，BM11：3（Ad 型）与禽鸟博局纹镜（BM11：2）共存，AM63：1（Ba 型）与四神博局纹镜（AM63：3）共存，AM10：18（Bc 型）与AM10：21（残甚形制不明镜）共存，AM67：5（Bc 型）与凹面圈带铭文连弧纹镜（AM67：1）共存，2009HCNM114：2（Bc 型）与变形四叶夔纹镜（2009HCNM114：15）共存，BM21：23（C 型）与变形四叶夔纹镜（BM21：30）共存，CM2：19（C 型）与五乳四神纹镜（CM2：12）和凹面圈带铭文连弧纹镜（CM2：15）共存（图 2-2）。

（六）五乳镜

共5件。分别出自4座墓中，其中BM64出土2件。均为半球形钮，圆形钮座。根据乳间纹饰

图 2-2　CM2 出土铜镜的共存组合

不同分三型。

A 型　2 件。五乳四神纹镜。锯齿纹、弦纹、卷云纹三重纹饰缘或两组锯齿纹之间为双线凹弦纹的三重纹饰带缘。钮座外纹饰从内而外依次为弦纹、间有短直线和小圆乳丁相间纹、主纹饰区、铭文区和短直线纹带。标本 AM57：25（图版七五、七六）、CM2：12（图版七七、七八）。

B 型　2 件。五乳禽鸟纹镜。锯齿纹缘。钮座外为一周凸弦纹，之外为主纹饰区。标本 BM64：1（图版七九、八〇）、BM5：4（图版八一、八二）。

C 型　1 件（BM64：5）。五乳几何纹镜。锯齿纹缘。钮座外纹饰从内而外依次为凸弦纹、主纹饰区和短直线纹带（图版八三、八四）。

共存关系有四组：AM57：25（A 型）与云雷无铭连弧纹镜（AM57：27）共存（图 2-3），CM2：12（A型）与凹面圈带铭文连弧纹镜（CM2：15）和四乳人物画像镜（CM2：19）共存，BM5：4（B 型）与云雷无铭连弧纹镜（BM5：1）共存，BM64：1（B 型）与五乳几何纹镜（BM64：5）共存。

（七）七乳镜

共 2 件，出自 2 座墓葬。根据纹饰不同分两型。

A 型　1 件（AM21：30）。七乳四神纹镜。半球形钮，圆形钮座，锯齿纹、凸弦纹、卷云纹三重纹饰带缘。钮座外有九个绕钮的带座乳丁，之间有铭文和勾卷弧纹，之外两周凸弦纹带之间为铭文带，铭文带外为主纹饰区（图版八五、八六）。

B 型　1 件（BM3：1）。七乳禽鸟纹镜。半球形钮，圆形钮座，锯齿纹、凸弦纹、卷云纹三重纹饰带缘。钮座外纹饰自内而外分别为短弧线纹带、凸弦纹、短斜线纹带和主纹饰区（图版八七、八八）。

共存关系有一组：AM21：30（A 型）与四乳四虺纹镜（AM21：23）共存（图 2-4）。

（八）博局纹镜

共 29 件。其中路固汉墓出土 24 件，分别出自 22 座墓葬，AM22 和 AM23 各出土 2 件；辉县市博物馆藏 5 件。根据主纹饰区纹饰不同分四型。

图 2-3　AM57 出土铜镜的共存组合

图 2-4　AM21 出土铜镜的共存组合

　　A 型　10 件。四神博局纹镜。半球形钮，根据钮座形制不同分两个亚型。

　　Aa 型　6 件。四叶钮座，根据钮座、乳丁、纹饰的繁简和铭文的有无分四式。

　　I 式　2 件。钮座四叶呈扁桃形。钮座外有弦纹方格和双线方格，弦纹方格与双线方格间有十二带圆座乳丁和十二地支铭。主纹区自内而外分别为 TLV 纹带、铭文带、短斜线纹带。TLV 纹带由 T、L、V 形纹和方格分成四方八极，T 形纹两侧各有一枚带圆座乳丁。四方八极内为四神，四神配置情况各镜不同。外区铭文为"尚方"铭。其余空间饰卷云纹。两组锯齿纹之间为波折纹的三重纹饰带缘。标本 AM22：5（图版八九、九○）、AM59：1（图版九一、九二）。

　　II 式　1 件（AM75：4）。钮座四叶呈扁桃形。无十二地支铭，其余与 I 式布局基本相同（图版九三、九四）。

　　III 式　2 件。钮座四叶呈扁桃形。无十二地支铭，有的双线方格内四角饰花苞叶纹。主纹饰区有 TLV 纹带和短斜线纹带两重纹饰带，无铭文带。有些 TLV 纹饰带 T 形纹两侧无乳丁，内为四神，四神配置情况各镜不同，其余空间饰卷云纹。锯齿纹和双线波折纹缘或双线锯齿纹缘。标本 AM43：38（图版九五、九六）、AM61：1（图版九七、九八）。

Ⅳ式 1件（BM8：14）。钮座四叶呈蝙蝠形，两重锯齿纹缘（图版九九、一〇〇）。

Ab型 4件。圆形钮座，根据主纹区纹饰不同分两式。

Ⅰ式 3件。与Aa Ⅲ式布局基本相同，无十二地支铭，主纹饰区有TLV纹带、短斜线纹带等两重纹饰带，无铭文带。TLV纹带中T形纹两侧无乳丁，内为四神，其余空间饰卷云纹。两重纹饰带缘，纹饰内容各不相同。标本AM63：3（图版一〇一、一〇二）、BM25：1（图版一〇三、一〇四）、AM23：8（图版一〇五、一〇六）。

Ⅱ式 1件（BM36：1）。纹饰比Ⅰ式简化，无十二地支铭，主纹饰区有TLV纹带、短斜线纹带等两重纹饰带，无铭文带。TLV纹带仅有T形纹，V形纹由圆座乳丁替代，无L形纹。锯齿纹、双线波折纹两重纹饰带缘（图版一〇七、一〇八）。

B型 7件。禽鸟博局纹镜。半球形钮，多重纹饰带缘，根据纹饰繁简不同和有无铭文带分三式。

Ⅰ式 3件。四叶钮座，四叶呈扁桃形。双线方格及T、L、V形纹均有，与Aa Ⅰ式的钮、钮座及主纹饰区的布局基本相同，仅在TLV纹带内饰八只鸟纹，两两隔V形纹相对。钮座与双线方格之间有八个乳丁和铭文带。外缘纹饰带分别为两重、三重和四重。标本AM28：2（图版一〇九、一一〇）、AM38：1（图版一一一、一一二）、AM23：4（图版一一三、一一四）。

Ⅱ式 2件。圆形钮座。与Ab Ⅰ式的钮、钮座及主纹饰区的布局基本相同，仅在TLV纹带内饰八只鸟纹，两两隔V形纹相对。无铭文带。外缘纹饰带分别为两重和三重。标本AM45：11（图版一一五、一一六）、BM11：2（图版一一七、一一八）。

Ⅲ式 2件。圆形钮座。主纹饰区有四个乳丁，向乳丁对立或背立二禽鸟。无铭文带。两组锯齿纹之间为凸弦纹的三重纹饰带缘。标本AM58：11（图版一一九、一二〇）、BM72：22（图版一二一、一二二）。

C型 11件。简式博局纹镜。半球形钮，圆形钮座，多为锯齿纹缘和素缘，另有少量两组锯齿纹之间为凸弦纹的三重纹饰带缘。博局纹不全，只有T、L、V形纹和双线方格纹中的一种或者两种。标本AM34：5（图版一二三、一二四）、BM63：33（图版一二五、一二六）、BM76：2（图版一二七、一二八）、CM3：19（图版一二九、一三〇）、CM6：1（图版一三一、一三二）、CM20：1（图版一三三、一三四）、2009HBZM49：7（图版一三五、一三六）、2009HBZM61：1（图版一三七、一三八）、2009HBZM82：2（图版一三九、一四〇）、2009HCNM116：2（图版一四一、一四二）、2010HCNM131：2（图版一四三、一四四）。

D型 1件（AM22：3）。简式龙虎博局纹镜。半球形钮，圆形钮座，锯齿纹缘。无双线方格，TLV纹带仅有V形纹，无T、L形纹，也无乳丁（图版一四五、一四六）。

共存关系有十二组：AM22：5（Aa Ⅰ式）与简式龙虎博局纹镜（AM22：3）共存，AM59：1（Aa Ⅰ式）与云雷纹镜（AM59：2）共存，BM8：14（Aa Ⅳ式）与云雷无铭连弧纹镜（BM8：18）共存，AM63：3（Ab Ⅰ式）与四乳龙虎纹镜（AM63：1）共存（图2-5），BM36：1（Ab Ⅱ式）与方正铭昭明镜（BM36：4）共存，AM23：8（Ab Ⅰ式）与禽鸟博局纹镜（AM23：4）和残甚形制不明镜共存，AM45：11（B Ⅱ式）与云雷铭文连弧纹镜（AM45：1）共存，BM11：2（B Ⅱ式）与四乳四虺纹镜（BM11：3）共存，AM58：11（B Ⅲ式）与凹面圈带铭文连弧纹镜（AM58：13）共存，BM63：33（C型）与云雷铭文连弧纹镜（BM63：29）共存，CM3：19（C型）与云雷无铭连弧纹镜（CM3：9）和凹面圈带铭文连弧纹镜（CM3：15）共存（图2-6），2009HBZM49：7（C型）与

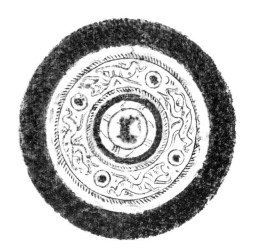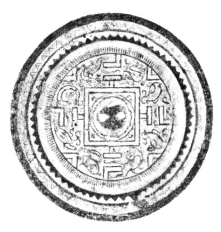

图 2-5　AM63 出土铜镜的共存组合

图 2-6　CM3 出土铜镜的共存组合

凹面圈带无铭连弧纹镜（2009HBZM49：13）共存。其中与博局纹镜和连弧纹镜的共存关系最为常见。

（九）云雷纹镜

　　共 2 件，出自 2 座墓。半球形钮，圆形钮座，锯齿纹、凸弦纹二重纹饰带缘。钮座外为重圈弦纹和短斜线纹带。根据纹饰内容不同分两型。

　　A 型　1 件（AM59：2）。重圈弦纹上有简化云雷纹（图版一四七、一四八）。

　　B 型　1 件（CM19：1）。重圈弦纹上有五组短斜线纹，为简化云雷纹（图版一四九、一五〇）。

　　共存关系有一组：AM59：2（A 型）与四神博局纹镜（AM59：1）共存。

（一〇）连弧纹镜

　　共 47 件。其中路固汉墓出土 28 件，辉县市博物馆藏 19 件。皆为半球形钮，根据纹饰不同分四型。

　　A 型　9 件。云雷铭文连弧纹镜。此型铜镜普遍较大，直径 15 ~ 26 厘米。四叶钮座，根据钮座纹饰不同分三式。

Ⅰ式　1件（BM63：29）。钮座四叶呈宝珠形，宽素缘（图版一五一、一五二）。

Ⅱ式　1件（BM9：5）。钮座四叶呈宝珠形，锯齿纹、凸弦纹和卷云纹三重纹饰带缘（图版一五三、一五四）。

Ⅲ式　7件。钮座四叶呈扁桃形，多为素缘，有少量三重纹饰带缘。普遍较大，以直径20厘米左右者为最多，最大的直径为26厘米。钮座四叶间各有一铭，为"长宜子孙"。3件八连弧内角饰花叶纹和变形山字纹，3件八连弧内角各有一铭，为"寿如金石，佳且好兮"。标本AM36：6（图版一五五、一五六）、AM39：3（图版一五七、一五八）、AM45：1（图版一五九、一六〇）、BM24：1（图版一六一、一六二）、AM46：10（图版一六三、一六四）、AM46：14（图版一六五、一六六）、2009HBLM31：1（图版一六七、一六八）。

B型　10件。云雷无铭连弧纹镜。直径9～14厘米。钮座与八连弧之间有一周凸弦纹，内向八连弧与缘之间有云雷纹。钮座四叶之间无铭文。宽素缘，根据钮座形制不同分三式。

Ⅰ式　2件。四叶钮座，四叶呈扁桃形。标本BM8：18（图版一六九、一七〇）、2009HBDM10：2（图版一七一、一七二）。

Ⅱ式　4件。圆形钮座。直径9～11厘米。内向八连弧与缘之间为重圈弦纹和短斜线纹带，重圈弦纹带上有等距离分布的八个云雷纹，与八连弧内角相对。制作比Ⅰ式粗糙。标本BM5：1（图版一七三、一七四）、BM17：8（图版一七五、一七六）、CM3：9（图版一七七、一七八）、2009HMLM74：1（图版一七九、一八〇）。

Ⅲ式　4件。圆形钮座。直径9～12厘米。形制和纹饰布局与Ⅱ式相同，只是重圈弦纹带上没有云雷纹。标本AM32：1（图版一八一、一八二）、AM57：27（图版一八三、一八四）、CM12：12（图版一八五、一八六）、2009HBDM18：3（图版一八七、一八八）。

C型　21件。凹面圈带铭文连弧纹镜。直径9.4～19.1厘米。素缘，缘多较宽，根据钮座纹饰不同分四式。

Ⅰ式　2件。四叶钮座，四叶呈宝珠形。标本AM67：1（图版一八九、一九〇）、2009HBXM147：3（图版一九一、一九二）。

Ⅱ式　6件。四叶钮座，四叶呈蝙蝠形，附于钮座上未伸出。直径9.4～15厘米。钮座与连弧纹间有些有凸弦纹带。四叶间各有一铭，左、右旋读或对读"长生宜子""长宜子孙"等。标本CM3：15（图版一九三、一九四）、CM4：1（图版一九五、一九六）、CM4：2（图版一九七、一九八）、AM26：1（图版一九九、二〇〇）、2010HBBM151：6（图版二〇一、二〇二）、2009HBZM73：3（图版二〇三、二〇四）。

Ⅲ式　12件。四叶钮座，四叶呈蝙蝠形，由钮座向外伸出，与钮座有一定距离。直径9.8～19.1厘米。四叶间各有一铭，为"君长宜官""□宜高□""长宜子□""位至三公"等。部分铜镜钮座外还有一周宽凸弦纹，部分铜镜八连弧内角也有铭文，为右旋读"生如山石，子□□兮"，或为"○""♥"相间。标本AM2：1（图版二〇五、二〇六）、AM17：22（图版二〇七、二〇八）、AM54：1（图版二〇九、二一〇）、AM58：13（图版二一一、二一二）、CM2：15（图版二一三、二一四）、2009HBZM65：1（图版二一五、二一六）、2009HBZM68：4（图版二一七、二一八）、2009HMLM90：3（图版二一九、二二〇）、2009HMLM92：3（图版二二一、二二二）、2010HBXM120：2（图版二二三、二二四）、2009HBDM9：8（图版二二五、二二六）、2010HCNM125：11（图版二二七、二二八）。

Ⅳ式 1件（AM70：31）。四叶钮座，四叶隐约可见呈扁桃形，宽素缘。四叶之间有一铭为"位"字，其他铭文不辨（图版二二九、二三〇）。

D型 7件。凹面圈带无铭连弧纹镜。普遍较小，直径不超过10厘米。内向连弧与缘之间有一周凹面圈带，圈带内无纹饰。素缘，缘多数较宽，根据钮座纹饰不同分两式。

Ⅰ式 6件。圆形钮座。标本AM42：1（图版二三一、二三二）、BM62：1（图版二三三、二三四）、2009HBZM49：13（图版二三五、二三六）、2009HMLM92：2（图版二三七、二三八）、2010HBBM151：7（图版二三九、二四〇）、2009HBDM52：1（图版二四一、二四二）。

Ⅱ式 1件（2009HMNM4：20）。扁桃形四叶钮座（图版二四三、二四四）。

共存关系有十九组：BM63：29（AⅠ式）与简式博局纹镜（BM63：33）共存，AM45：1（AⅢ式）与禽鸟博局纹镜（AM45：11）共存（图2-7），AM46：10、14（AⅢ式）与变形四叶羽人纹镜（AM46：1）共存（图2-8），BM8：18（BⅠ式）与四神博局纹镜（BM8：14）共存，CM3：9（BⅡ式）与简式博局纹镜（CM3：19）和凹面圈带铭文连弧纹镜（CM3：15）共存，BM5：1（BⅡ式）与五乳禽鸟纹镜（BM5：4）共存，BM17：8（BⅡ式）与四乳四虺纹镜（BM17：1）共存，AM57：27（BⅢ式）与五乳四神纹镜（AM57：25）共存，AM67：1（CⅠ式）与四乳禽鸟纹镜（AM67：5）共存，CM3：15（CⅡ式）与云雷无铭连弧纹镜（CM3：9）和简式博局纹镜（CM3：19）共存，CM4：1与CM4：2（CⅡ式）均为凹面圈带铭文连弧纹镜，2010HBBM151：6（CⅡ式）与凹面圈带无铭连弧纹镜（2010HBBM151：7）和对峙钱纹龙虎纹镜（2010HBBM151：2）共存，CM2：15（CⅢ式）与四乳人物画像镜（CM2：19）和五乳四神纹镜（CM2：12）共存，AM58：13（CⅢ式）与禽鸟博局纹镜（AM58：11）共存，2009HBDM9：8（CⅢ式）与变形四叶夔纹镜（2009HBDM9：3）共存，2009HMLM92：3（CⅢ式）与凹面圈带无铭连弧纹镜（2009HMLM92：2）和鸟纹镜（2009HMLM92：1）共存，AM70：31（CⅣ式）与纹饰不清小镜（AM70：1）共存，2009HBLM49：13（DⅠ式）与简式博局纹镜（2009HBLM49：7）共存，2009HMNM4：20（DⅡ式）与变形夔龙纹镜（2009HMNM4：5）共存。此类铜镜多与博局纹镜和多乳镜共存。

（一一）龙虎纹镜

共6件。路固汉墓出土3件，分别出自3座墓葬；辉县市博物馆藏3件。均为半球形钮，圆形钮座，多为多重纹饰带缘，有少量素缘。根据龙虎布局不同分两型。

A型 5件。对峙钱纹龙虎纹镜。有三重纹饰带缘、两重纹饰带缘和素缘。钮座外为主纹饰区，一侧钮穿上方有钱纹或车轮纹，两侧为龙纹和虎纹。不同的铜镜主纹饰区外分别有铭文带或短直线纹带。标本AM47：2（图版二四五、二四六）、BM35：1（图版二四七、二四八）、2010HCNM133：16（图版二四九、二五〇）、2010HBBM151：2（图版二五一、二五二）、2009HMLM93：5（图版二五三、二五四）。

B型 1件（BM1：6）。绕钮龙虎纹镜。锯齿纹、动物纹二重纹饰带缘。钮座外为主纹饰区，主纹饰区外为铭文带和短直线纹带（图版二五五、二五六）。

共存关系有两组：2010HCNM133：16（A型）与变形四叶夔纹镜（2010HCNM133：17）共存，

图 2-7　AM45 出土铜镜的共存组合

图 2-8　AM46 出土铜镜的共存组合

2010HBBM151：2（A 型）与凹面圈带铭文连弧纹镜（2010HBBM151：6）和凹面圈带无铭连弧纹镜
（2010HBBM151：7）共存。

（一二）变形四叶纹镜

共 8 件。其中路固汉墓出土 4 件，辉县市博物馆藏 4 件。均为半球形钮，圆形钮座，多为素缘。
根据四叶间纹饰不同分三型。

A 型　6 件。变形四叶夔纹镜。多为素缘，有少量云纹缘和连弧纹缘。钮座外蝙蝠形四叶向
外呈放射状分布，将主纹饰区分为四区，四叶之间各有一个夔纹。标本 AM18：1（图版二五七、
二五八）、BM21：30（图版二五九、二六〇）、2009HBDM9：3（图版二六一、二六二）、
2010HBXM147：2（图版二六三、二六四）、2010HCNM133：17（图版二六五、二六六）、
2009HCNM114：15（图版二六七、二六八）。

B 型　1 件（BM22：8）。变形四叶对凤纹镜。钮座外宝珠形四叶向外呈放射状分布，将主纹饰
区分为四区，四叶之间各有一对凤纹，四叶内有铭文。内向十六连弧缘（图版二六九、二七〇）。

C 型　1 件（AM46：1）。变形四叶羽人纹镜。钮座外宝珠形四叶向外呈放射状分布，将主纹饰
区分为四区，四叶之间为羽人和植物纹。素缘（图版二七一、二七二）。

共存关系有五组：BM21∶30（A 型）与四乳人物画像镜（BM21∶23）共存（图 2-9），
2010HCNM133∶17（A 型）与对峙钱纹龙虎纹镜（2010HCNM133∶16）共存（图 2-10），
2009HBDM9∶3（A 型）与凹面圈带铭文连弧纹镜（2009HBDM9∶8）共存，2009HCNM114∶15（A
型）与四乳禽鸟纹镜（2009HCNM114∶2）共存，AM46∶1（C 型）与云雷铭文连弧纹镜（AM46∶10、
AM46∶14）共存。

（一三）鸟纹镜

1 件（2009HMLM92∶1）。半球形钮，圆形钮座，素缘。钮座外为主纹饰区，主纹饰区外为短
直线纹带和锯齿纹带（图版二七三、二七四）。

此镜与凹面圈带铭文连弧纹镜（2009HMLM92∶3）和凹面圈带无铭连弧纹镜（2009HMLM92∶3）
共存。

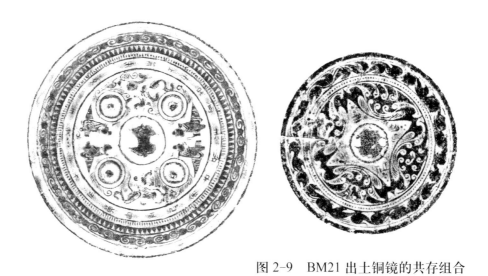

图 2-9　BM21 出土铜镜的共存组合

图 2-10　2010HCNM133 出土铜镜的共存组合

（一四）变形夔龙纹镜

1件（2009HMNM4：5）。半球形钮，圆形钮座，素缘。钮座外为主纹饰区，主纹饰区外为内向十二连弧纹和凹面圈带（图版二七五、二七六）。

此镜与凹面圈带无铭连弧纹镜（2009HMNM4：20）共存。

（一五）变形夔凤纹镜

1件（2009HCDM18：2）。半球形钮，圆形钮座，宽素缘。钮座外为主纹饰区，主纹饰区外为短斜线纹带（图版二七七、二七八）。

此镜与吾作环状乳神兽纹镜（2009HCDM18：1）和残甚形制不明镜共存（图2-11）。

（一六）飞凤纹镜

1件（2009HBDM191：9）。半球形钮，圆形钮座，素缘。钮座外为主纹饰区，主纹饰区外为短直线纹带和锯齿纹带（图版二七九、二八〇）。

（一七）吾作环状乳神兽纹镜

1件（2009HCDM18：1）。半球形钮，连珠纹圆形钮座，变形卷云纹缘。钮座外为主纹饰区，其外为十二个方枚和十三个卷云状半圆相间环列，方枚中各有一字，之外为短直线纹带和铭文带（图版二八一、二八二）。

此镜与变形夔凤纹镜（2009HCDM18：2）和残甚形制不明镜共存。

（一八）其他

共5件，有纹饰不清小镜和残镜。

纹饰不清小镜共3件，其中路固汉墓出土1件，辉县市博物馆藏2件。标本AM70：1（图版二八三、二八四）、2009HCDM69：1（图版二八五、二八六）、2009HMNM5：2（图版二八七、二八八）。

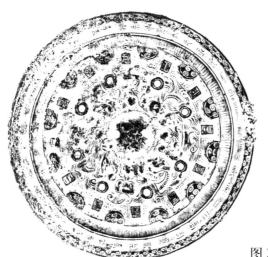 

图2-11　2009HCDM18出土铜镜的共存组合

残镜共 2 件，残破严重，有的仅存少部分镜缘，类别和形制无法判断。标本 2009HBDM11：5（图版二八九、二九〇）、2009HCDM18：3（图版二九一、二九二）。

共存关系有一组：AM70：1 与凹面圈带铭文连弧纹镜（AM70：31）共存。

上文对 146 件铜镜的类型进行了分析，其中以连弧纹镜、博局纹镜和多乳镜最为常见，其次是昭明镜和变形四叶纹镜。

146 件铜镜分别出自 110 座汉墓。本文将一墓出土 2 件及以上的铜镜称为"共存组合"。本次发掘的辉县市两汉时期墓葬中，共发现有 32 组共存组合关系，其中以连弧纹镜与博局纹镜、连弧纹镜与多乳镜的共存组合最为常见，也可能与辉县市域内发掘的两汉时期墓葬出土连弧纹镜数量较多有关。

本次出土的 146 件铜镜中，以辉县市博物馆巡护期间发掘出土的 3 件素面镜时代为最早，所属墓葬均应为西汉早期。路固汉代墓地年代最早的墓葬为西汉中、晚期，日光镜和昭明镜主要出自这些墓葬，最晚的见于东汉中期墓葬（如 CM21：1）。

多乳镜较为复杂，其中四乳四虺纹镜和四乳禽兽纹镜出现于新莽时期，经过东汉初年的发展，在东汉早、中期大量出现，东汉晚期极少见到。四乳禽鸟纹镜的使用比率与四乳四虺纹镜相近。五乳镜和七乳镜的数量远少于四乳镜，其流行区间与四乳镜相似，主要见于东汉早、中期，东汉晚期少见。四乳人物画像镜仅见于东汉晚期。

博局纹铜镜数量亦较多，其中四神博局纹镜多见于新莽至东汉初年。禽鸟博局纹镜在东汉早期较多见，东汉中期亦较为常见，东汉晚期少见。简式博局纹镜在东汉早期数量较少，东汉中期数量增多，东汉晚期数量较多。

连弧纹镜延续时间最长，最早见于东汉早期，此时数量较少，东汉中期开始大量出现，一直到东汉晚期都是较常见的铜镜类型。

龙虎纹镜多见于东汉中、晚期。

变形四叶纹镜仅见于东汉晚期，除了常见的变形四叶夔纹镜和对凤纹镜外，出现了变形四叶羽人纹镜（表 2-1）。

两汉时期是铜镜发展的鼎盛时期，汉代铜镜做工精良，内容丰富，纹饰优美，正如《古镜图录》所言："刻画（划）之精巧，文字之瑰奇，辞旨之温雅，一器而三善备焉者，莫镜若也"。146 件铜镜中，以连弧纹镜、博局纹镜、多乳镜和变形四叶纹镜最为常见，其他还有素面镜、昭明镜、日光镜、云雷纹镜、龙虎纹镜、星云纹镜、变形夔龙纹镜、环状乳神兽纹镜等，其中不乏花纹、文字、辞旨三善具备者。

两汉时期政治稳定，经济空前繁荣，铜原料稳定而丰富，新的冶炼铸造技术兴起，文化交流日益发展，推动了铜镜铸造业的繁荣。这一时期，铜镜的类别多样，纹饰内容丰富繁杂，铭文内涵深刻，装饰工艺花样繁多，充分反映了当时的社会风俗、思想信仰等诸多文化信息。路固汉代墓葬出土铜镜类型多样，纹饰丰富，年代序列较为完整，为研究两汉时期豫北地区人们的社会生活、思想信仰等提供了较为珍贵的实物资料，也为汉代墓葬埋葬习俗的研究提供了重要的资料。

表 2-1　辉县汉墓出土铜镜和组合关系表

镜　类		数　量	出土单位	出土墓葬的时代	共存组合	直径（厘米）
素面镜		3	2009HBYM43：1	西汉时期		11.1
			2009HBYM56：6	西汉时期		8.8
			2009HGPM76：7	西汉时期		8.9
星云纹镜		2	2009HBZM27：2	西汉时期		9.5
			2009HBYM94：4	西汉时期		9
日光镜		3	BM75：1	西汉晚期		6.8
			BM20：21	东汉早期		7.7
			BM58：26	东汉早期	残甚	
昭明镜	A 型非方正铭昭明镜	1	AM51：28	新莽至东汉初年		8.2
	B 型方正铭昭明镜	5	AM72：1	新莽至东汉初年		10.5
			BM36：4	新莽至东汉初年	方正铭昭明镜+四神博局纹镜	10.8
			AM3：1	新莽至东汉初年		12
			AM76：1	东汉早期		14.5
			CM21：1	东汉中期		12.4
	型式不明	1	AM62：48	新莽至东汉初年	残甚	
四乳镜	A 型四乳四虺纹镜	9	BM28：1	新莽至东汉初年		9
			BM29：8	新莽至东汉初年		15.7
			BM77：1	新莽至东汉初年		7.8
			AM40：2	东汉早期	四乳四虺纹镜+四乳四虺纹镜	8.7
			AM40：6	东汉早期	四乳四虺纹镜+四乳四虺纹镜	11
			BM11：3	东汉早期	四乳四虺纹镜+禽鸟博局纹镜	7.8
			AM21：23	东汉中期	四乳四虺纹镜+七乳四神纹镜	7.9
			BM17：1	东汉中期	四乳四虺纹镜+云雷无铭连弧纹镜	18
			2009HBZM24：3	东汉时期		8
	B 型四乳禽兽纹镜	10	AM63：1	新莽至东汉初年	四乳龙虎纹镜+四神博局纹镜	10.7
			BM14：1	新莽至东汉初年		10.3
			BM56：1	东汉早期		7.4
			AM67：5	东汉中期	凹面圈带铭文连弧纹镜+四乳禽鸟纹镜	6.9
			AM7：1	东汉晚期		8.4
			AM10：18	东汉晚期	四乳禽鸟纹镜+残甚形制不明镜	8.4
			AM71：1	东汉晚期		7.3
			2009HBZM57：1	东汉时期		6.8

镜　类		数　量	出土单位	出土墓葬的时代	共存组合	直径（厘米）
四乳镜	B 型 四乳禽兽纹镜		2009HCNM114：2	东汉时期	四乳禽鸟纹镜 + 变形四叶夔纹镜	8.9
			2009HBXM123：4	东汉时期		9.3
四乳镜	C 型 四乳人物画像镜	3	BM21：23	东汉晚期	四乳人物画像镜 + 变形四叶夔纹镜	13.5
			CM2：19	东汉晚期	五乳四神纹镜 + 凹面圈带铭文连弧纹镜 + 四乳人物画像镜	8.1
			2009HBZM53：6	东汉时期		14.8
	D 型 四乳几何纹镜	2	2009HCNM120：3	东汉时期		7.4
			2009HMNM1：44	东汉时期		5.8
五乳镜	A 型 五乳四神纹镜	2	AM57：25	东汉中期	五乳四神纹镜 + 云雷无铭连弧纹镜	15.1
			CM2：12	东汉晚期	五乳四神纹镜 + 凹面圈带铭文连弧纹镜 + 四乳人物画像镜	15.1
	B 型 五乳禽鸟纹镜	2	BM64：1	东汉中期	五乳禽鸟纹镜 + 五乳几何纹镜	7.2
			BM5：4	东汉中期	云雷无铭连弧纹镜 + 五乳禽鸟纹镜	8.8
	C 型 五乳几何纹镜	1	BM64：5	东汉中期	五乳禽鸟纹镜 + 五乳几何纹镜	7
七乳镜	A 型 七乳四神纹镜	1	AM21：30	东汉中期	七乳四神纹镜 + 四乳四虺纹镜	16.1
	B 型 七乳禽鸟纹镜	1	BM3：1	新莽至东汉初年		11.7
博局纹镜	A 型 四神博局纹镜	10	AM43：38	新莽至东汉初年		13.5
			AM61：1	新莽至东汉初年		9.4
			AM63：3	新莽至东汉初年	四乳龙虎纹镜 + 四神博局纹镜	10.1
			AM75：4	新莽至东汉初年		14.1
			BM25：1	新莽至东汉初年		12.5
			BM36：1	新莽至东汉初年	方正铭昭明镜 + 四神博局纹镜	10.3
			AM23：8	东汉早期	四神博局纹镜 + 禽鸟博局纹镜 + 残甚形制不明镜	9.4
			AM22：5	东汉中期	简式龙虎博局纹镜 + 四神博局纹镜	17.6
			AM59：1	东汉中期	四神博局纹镜 + 云雷纹镜	16.5
			BM8：14	东汉中期	四神博局纹镜 + 云雷无铭连弧纹镜	16
	B 型 禽鸟博局纹镜	7	AM23：4	东汉早期	禽鸟博局纹镜 + 四神博局纹镜 + 残甚形制不明镜	11.6
			AM38：1	东汉早期		16.4
			BM11：2	东汉早期	禽鸟博局纹镜 + 四乳四虺纹镜	10.2
			AM28：2	东汉中期		16.4
			AM45：11	东汉中期	云雷铭文连弧纹镜 + 禽鸟博局纹镜	10.7
			AM58：11	东汉中期	禽鸟博局纹镜 + 凹面圈带铭文连弧纹镜	10.8
			BM72：22	东汉中期		11.7

镜类		数量	出土单位	出土墓葬的时代	共存组合	直径（厘米）
博局纹镜	C型 简式博局纹镜	11	BM63：33	东汉中期	云雷铭文连弧纹镜＋简式博局纹镜	6.5
			BM76：2	东汉中期		6.5
			AM34：5	东汉晚期		6.5
			CM3：19	东汉晚期	云雷无铭连弧纹镜＋凹面圈带铭文连弧纹镜＋简式博局纹镜	7.3
			CM6：1	东汉晚期		6.7
			CM20：1	东汉晚期		7.3
			2009HBZM49：7	东汉时期	凹面圈带无铭连弧纹镜＋简式博局纹镜	6.5
			2009HBZM61：1	东汉时期		7.3
			2009HBZM82：2	东汉时期		11.7
			2009HCNM116：2	东汉时期		6
			2010HCNM131：2	东汉时期		9.1
	D型 简式龙虎博局纹镜	1	AM22：3	东汉中期	简式龙虎博局纹镜＋四神博局纹镜	9.2
	云雷纹镜	2	AM59：2	东汉中期	四神博局纹镜＋云雷纹镜	9
			CM19：1	东汉早期		6.8
连弧纹镜	A型 云雷铭文连弧纹镜	9	BM63：29	东汉中期	云雷铭文连弧纹镜＋简式博局纹镜	19.8
			BM9：5	东汉中期		17.2
			AM36：6	东汉中期		19
			AM39：3	东汉中期		18.8
			AM45：1	东汉中期	云雷铭文连弧纹镜＋禽鸟博局纹镜	26
			BM24：1	东汉中期		20
			AM46：10	东汉晚期	云雷铭文连弧纹镜＋云雷铭文连弧纹镜＋变形四叶羽人纹镜	15.7
			AM46：14	东汉晚期	云雷铭文连弧纹镜＋云雷铭文连弧纹镜＋变形四叶羽人纹镜	18.2
			2009HBLM31：1	东汉时期		17.3
	B型 云雷无铭连弧纹镜	10	AM32：1	东汉中期		10.8
			AM57：27	东汉中期	五乳四神纹镜＋云雷无铭连弧纹镜	9.2
			BM5：1	东汉中期	云雷无铭连弧纹镜＋五乳禽鸟纹镜	9.5
			BM8：18	东汉中期	四神博局纹镜＋云雷无铭连弧纹镜	11
			BM17：8	东汉中期	四乳四虺纹镜＋云雷无铭连弧纹镜	9.2
			CM3：9	东汉晚期	云雷无铭连弧纹镜＋凹面圈带铭文连弧纹镜＋简式博局纹镜	9.6
			CM12：12	东汉晚期		9

镜 类		数 量	出土单位	出土墓葬的时代	共存组合	直径（厘米）
连弧纹镜	B型 云雷无铭连弧纹镜		2009HMLM74∶1	东汉时期		11
			2009HBDM10∶2	东汉时期		14
			2009HBDM18∶3	东汉时期		12
连弧纹镜	C型 凹面圈带铭文 连弧纹镜	21	AM54∶1	东汉中期		10.2
			AM58∶13	东汉中期	禽鸟博局纹镜＋凹面圈带铭文连弧纹镜	11.3
			AM67∶1	东汉中期	凹面圈带铭文连弧纹镜＋四乳禽鸟纹镜	11.5
			AM70∶31	东汉中期	凹面圈带铭文连弧纹镜＋纹饰不清小镜	9.9
			AM2∶1	东汉晚期		16
			AM17∶22	东汉晚期		13.4
			AM26∶1	东汉晚期		12
			CM2∶15	东汉晚期	五乳四神纹镜＋凹面圈带铭文连弧纹镜＋四乳人物画像镜	9.8
			CM3∶15	东汉晚期	云雷无铭连弧纹镜＋凹面圈带铭文连弧纹镜＋简式博局纹镜	11.5
			CM4∶1	东汉晚期	凹面圈带铭文连弧纹镜＋凹面圈带铭文连弧纹镜	10.3
			CM4∶2	东汉晚期	凹面圈带铭文连弧纹镜＋凹面圈带铭文连弧纹镜	14.5
			2009HBDM9∶8	东汉时期	凹面圈带铭文连弧纹镜＋变形四叶夔纹镜	11.5
			2009HBZM65∶1	东汉时期		10.3
			2009HBZM68∶4	东汉时期		10.6
			2009HBZM73∶3	东汉时期		11.2
			2009HMLM90∶3	东汉时期		10.4
			2009HMLM92∶3	东汉时期	凹面圈带铭文连弧纹镜＋凹面圈带无铭连弧纹镜＋鸟纹镜	10.2
			2010HBXM120∶2	东汉时期		11
			2009HBXM147∶3	东汉时期	残	
			2010HCNM125∶11	东汉时期		19.1
			2010HBBM151∶6	东汉时期	凹面圈带铭文连弧纹镜＋凹面圈带无铭连弧纹镜＋对峙钱纹龙虎纹镜	9.4
	D型 凹面圈带无铭 连弧纹镜	7	AM42∶1	东汉中期		8.8
			BM62∶1	东汉中期		8.5
			2009HBZM49∶13	东汉时期	凹面圈带无铭连弧纹镜＋简式博局纹镜	9.2
			2009HMLM92∶2	东汉时期	凹面圈带铭文连弧纹镜＋凹面圈带无铭连弧纹镜＋鸟纹镜	5.3
			2010HBBM151∶7	东汉时期	凹面圈带铭文连弧纹镜＋凹面圈带无铭连弧纹镜＋对峙钱纹龙虎纹镜	5.9

镜　类		数　量	出土单位	出土墓葬的时代	共存组合	直径（厘米）
连弧纹镜	D 型 凹面圈带无铭 连弧纹镜		2009HBDM52：1	东汉时期		9.6
			2009HMNM4：20	东汉时期	凹面圈带无铭连弧纹镜 + 变形夔龙纹镜	6.5
龙虎纹镜	A 型 对峙钱纹龙虎纹镜	5	AM47：2	东汉中期		9
			BM35：1	东汉中期		11.7
			2010HCNM133：16	东汉时期	变形四叶夔纹镜 + 对峙钱纹龙虎纹镜	10.5
			2010HBBM151：2	东汉时期	凹面圈带铭文连弧纹镜 + 凹面圈带无铭连弧纹镜 + 对峙钱纹龙虎纹镜	9
			2009HMLM93：5	东汉时期		9.3
	B 型 绕钮龙虎纹镜	1	BM1：6	东汉中期		9.3
变形四叶纹镜	A 型 变形四叶夔纹镜	6	AM18：1	东汉晚期		9.7
			BM21：30	东汉晚期	四乳人物画像镜 + 变形四叶夔纹镜	10.5
			2009HBDM9：3	东汉时期	凹面圈带铭文连弧纹镜 + 变形四叶夔纹镜	11.7
			2010HBXM147：2	东汉时期		9.3
			2010HCNM133：17	东汉时期	变形四叶夔纹镜 + 对峙钱纹龙虎纹镜	9.1
			2009HCNM114：15	东汉时期	四乳禽鸟纹镜 + 变形四叶夔纹镜	14.3
	B 型 变形四叶对凤纹镜	1	BM22：8	东汉晚期		13.2
	C 型 变形四叶羽人纹镜	1	AM46：1	东汉晚期	变形四叶羽人纹镜 + 云雷铭文连弧纹镜 + 云雷铭文连弧纹镜	12.1
鸟纹镜		1	2009HMLM92：1	东汉时期	凹面圈带铭文连弧纹镜 + 凹面圈带无铭连弧纹镜 + 鸟纹镜	5.6
变形夔龙纹镜		1	2009HMNM4：5	东汉时期	凹面圈带无铭连弧纹镜 + 变形夔龙纹镜	10.8
变形夔凤纹镜		1	2009HCDM18：2	东汉晚期至三国时期	变形夔凤纹镜 + 吾作环状乳神兽纹镜 + 残甚形制不明镜	9.1
飞凤纹镜		1	2009HBDM191：9	东汉晚期至三国时期		6.3
吾作环状乳神兽纹镜		1	2009HCDM18：1	东汉晚期至三国时期	变形夔凤纹镜 + 吾作环状乳神兽纹镜 + 残甚形制不明镜	12.6

叁　南水北调中线工程辉县汉墓出土铜镜的修复和保护

王浩天　岳超红　李其良　郭正臣*

南水北调特大型水利工程纵贯南北，总干渠全长 1276 千米。该工程穿越中原核心区，在河南境内达 731 千米，沿途有数量众多的古代遗址和墓地，文化内涵丰富。为了有效保护文物，河南省组织协调省内外文物考古科研单位进行了抢救性发掘。处在南水北调中线的辉县位于河南省北部，北依太行山麓，南邻卫河之畔，气候宜人，地理条件十分优越，自古以来就是人们生产、生活、繁衍生息的理想之地。该地区历史悠久，是中华民族古代文明的发祥地之一。考古资料显示，这一地区不但有丰富的商周时期的遗址和墓葬群，还有大量的汉代墓葬。南水北调文物考古工作在辉县境内共发现文物点 18 处，发掘古代墓葬近千座，其中汉代墓葬共有 600 余座。辉县汉墓中出土铜镜数量众多，品类多样，仅辉县路固汉墓群就出土近百件铜镜，辉县市博物馆在巡护施工现场抢救清理汉墓中又出土 52 件铜镜。

辉县汉墓出土铜镜是研究汉代制镜工艺和艺术水准的重要资料。遗憾的是，辉县汉墓群出土的这批铜镜大多锈蚀或破损严重，尤其辉县市博物馆巡河期间抢救发掘的汉墓出土的 52 件铜镜，破损尤为严重，部分铜镜已有病害锈，因此出土后大都需要修复和保护。本文仅向学界介绍辉县市博物馆巡护期间发现的 52 件铜镜的修复、保护和研究。

一　基本信息

1. 铜镜来源

这批出自辉县汉墓的铜镜共计 52 件，2009 年分别出土于百泉镇、城关镇、孟庄镇和高庄乡 4 个乡镇 11 处南水北调发掘地点，均为辉县市博物馆在河线开挖施工中抢救发掘汉墓出土的铜镜（表 3-1）。

百泉镇汉墓出土铜镜 29 件，出土于六个地点，其中赵庄汉墓出土 10 件，杨庄汉墓出土 3 件，小官庄汉墓出土 4 件，大官庄汉墓出土 7 件，赵雷汉墓出土 2 件，百泉村汉墓出土 3 件。

城关镇汉墓出土铜镜 12 件，分别出自东石河和南关村汉墓，其中东石河汉墓出土 4 件，南关村汉墓出土 8 件。

孟庄镇汉墓出土 10 件，其中路固汉墓出土 6 件，南陈马村汉墓出土 4 件。

高庄乡出土铜镜 1 件，来自庞村汉墓。

---

*　王浩天、李其良、郭正臣：中国社会科学院考古研究所。岳超红：安阳华夏考古科技有限公司。

表 3-1　辉县汉墓铜镜修复前统计表

序号	出土地点	铜镜编号	铜镜纹饰	保存情况	锈蚀程度	件数
1	城关镇东石河	2009HCDM18：1	吾作环状乳神兽纹镜	基本完整	中度腐蚀	4件
		2009HCDM18：2	变形夔凤纹镜	残为 3 片，有缺失	中度腐蚀	
		2009HCDM18：3		曾修复，仍有裂缝	严重腐蚀	
		2009HCDM69：1		残存 3 片，约 1/2		
2	城关镇南关村	2009HCNM120：3		残为 9 片，有缺失	严重腐蚀	8件
		2009HCNM114：2	四乳禽鸟纹镜	基本完整	中度腐蚀	
		2009HCNM114：15	变形四叶夔纹镜		轻度腐蚀	
		2009HCNM116：2		残为 3 片	轻度腐蚀	
		2010HCNM133：16		残存 7 片，有缺失	严重腐蚀	
		2010HCNM131：2	简式博局纹镜	基本完整	轻度腐蚀	
		2010HCNM125：11		残为 30 片	中度腐蚀	
		2010HCNM133：17		基本完整	中度腐蚀	
3	百泉镇小官庄	2010HBXM147：2		残存 15 片	严重腐蚀	4件
		2010HBXM147：3		近半残失	严重腐蚀	
		2010HBXM120：2	凹面圈带铭文连弧纹镜	表面曾修复，仍有裂纹	中度腐蚀	
		2010HBXM123：4		基本完整	中度腐蚀	
4	百泉镇赵庄	2009HBZM31：1		残为 4 块，有缺失	严重腐蚀	10件
		2009HBZM49：13		残为 3 块，有缺失	轻度腐蚀	
		2009HBZM68：4		基本完整	中度腐蚀	
		2009HBZM53：6		残为 13 片，有缺失	中度腐蚀	
		2009HBZM49：7		残为 10 片	严重腐蚀	
		2009HBZM57：1		基本完整	中度腐蚀	
		2009HBZM65：1		基本完整	中度腐蚀	
		2009HBZM61：1		基本完整	严重腐蚀	
		2009HBZM82：2		残为 13 片	严重腐蚀	
		2009HBZM73：3		残为 6 片	严重腐蚀	

序号	出土地点	铜镜编号	铜镜纹饰	保存情况	锈蚀程度	件数
5	百泉镇杨庄	2009HBYM56：6	素面镜	基本完整	严重腐蚀	3件
		2009HBYM43：1	素面镜	残为3块，有缺失	中度腐蚀	
		2009HBYM94：4		残存4片，有缺失	中度腐蚀	
6	百泉镇大官庄	2009HBDM52：1		基本完整	中度腐蚀	7件
		2009HBDM9：8	凹面圈带铭文连弧纹镜	残为4块，有缺失	轻度腐蚀	
		2009HBDM191：9		残为6片	中度腐蚀	
		2009HBDM9：3	变形四叶夔纹镜	残为16片，有缺失	轻度腐蚀	
		2009HBDM18：3		仅存约1/6	轻度腐蚀	
		2009HBDM11：5		残存3片，不足1/2	轻度腐蚀	
		2009HBDM10：2		残为3片，有缺失	轻度腐蚀	
7	百泉镇赵雷	2009HBZM24：3	四乳四虺纹镜	基本完整	轻度腐蚀	2件
		2009HBZM27：2	星云纹镜	基本完整	中度腐蚀	
8	百泉镇百泉村	2010HBBM151：6	凹面圈带铭文连弧纹镜	残为2块，有缺失	中度腐蚀	3件
		2010HBBM151：2		残为14片	严重腐蚀	
		2010HBBM151：7		残存1块，少半缺失	中度腐蚀	
9	孟庄镇路固	2009HMLM92：1		基本完整	严重腐蚀	6件
		2009HMLM92：2		残破为3块	中度腐蚀	
		2009HMLM92：3		表面有裂纹	中度腐蚀	
		2009HMLM90：3	凹面圈带铭文连弧纹镜	基本完整	中度腐蚀	
		2009HMLM93：5		表面有裂纹	中度腐蚀	
		2009HMLM74：1		残为9片，有缺失	中度腐蚀	
10	孟庄镇南陈马村	2009HMNM4：5	变形夔龙纹镜	表面有裂缝	轻度腐蚀	4件
		2009HMNM4：20	凹面圈带无铭连弧纹镜	基本完整	轻度腐蚀	
		2009HMNM5：2		基本完整	中度腐蚀	
		2009HMNM1：44	四乳几何纹镜	基本完整	轻度腐蚀	
11	高庄庞村	2009HGPM76：7	素面镜	残存3片，有缺失	中度腐蚀	1件
合计				52件		

2. 保存情况

这 52 件铜镜，按照保存程度大体可分为四类：

（1）基本完整的有 23 件，其中 5 件有裂缝，需再做加固处理；有的曾修复但茬口对接不齐，需重新分解再黏接，如标本 M120：2。也有的铜镜在移交清单上的保存状况栏是"基本完整"，点交时发现有裂痕。如标本 M123：4，有一条裂痕贯穿圆钮。还有的镜缘略有缺损但是并未标注，因此只能标记为基本完整。

（2）残破为多块，可拼对成形的有 13 件。这些残碎的铜镜标本，碎片最多的达 30 片，如标本 2009HBDM9：3。另有 1 件残破为 13 片，为 2009HBZM53：6。还有 2 件标本各残破为 9 片，为 2009HMLM74：1 和 2009HCNM120：3。其余 9 件铜镜残破片数在 2～4 块。

（3）残缺部分占一半及一半以上的铜镜有 4 件。其中标本 2009HCDM18：3 仅残留六分之一；另外 3 件标本残存约在一半左右，有的为一片，有的残存 3 片。

3. 锈蚀程度

按锈蚀程度可分为三类：

尽管这批铜镜均出土于河南辉县，但具体的埋藏条件、土壤环境、温湿度以及微生物等诸多自然因素都会对铜镜产生不同程度的侵蚀。再加上出土以后，铜镜从埋藏环境相对稳定状态突然暴露在昼热夜寒，酸雨、硫化物等不断变化的大气中，更加速了材质的劣化和锈蚀。从锈蚀形态看，这些铜镜多为深浅不一的绿锈堆积，有的表面有土锈硬结物，有的材质劣化，一片白绿锈，有的铜镜有明显粉状锈蚀坑。

（1）第一类轻度腐蚀，锈蚀较少，尚有地子存在。属于这类情况的共有 13 件铜镜。

（2）第二类中度腐蚀，锈蚀较多，掩盖地子或有少量地子。属于此类情况的共计 25 件。

（3）第三类严重腐蚀，有明显多处大面积粉状锈，甚至整体矿化。属于此类状态的共计 14 件。

二　病害分析

为了确保这批铜镜的历史价值、艺术价值和科研价值，在修复保护开始之前，我们对每件铜镜现状做了初步分析，包括目测和使用简单工具设备的初步检测。从表面形态看，这批铜镜的主要病害包括物理残缺、裂隙、点腐蚀、层状堆积、表面硬结物、瘤状物、粉状锈和全面腐蚀。病害原因归纳如下（表 3-2）：

表 3-2　铜镜修复前主要病害表

病变类型	病　变　原　因
残缺和裂隙	主要受外力作用，使铜镜产生断裂，以至残碎片丢失，使水或可溶盐等腐蚀物从茬口断面渗入，由表及里加速腐蚀
点腐蚀	由于粗放型自由浇铸造成铸造缺陷（如铸造缩孔），腐蚀物，可溶盐慢慢渗入，造成合金晶间腐蚀并不断扩散
层状剥离	在原始制作过程中化学、物理的不均质，造成分层现象，使腐蚀物沿层间逐渐渗透腐蚀，较为普遍
表面硬结物	主要是铜镜上的锈蚀与邻近土质、杂物（如纺织品）的混合物，并常有外界污染物不断地向上堆积
瘤状物、粉状锈	与点腐蚀关系密切，在某些特殊部位发生局部腐蚀，造成溃烂状腐蚀，产生鼓包凸起，包内多为有害粉状锈

三　病害检测分析

除了对每件铜镜病害现状进行初步分析外，我们对每件铜镜又详细做了影像资料的提取、X射线检测技术分析、以及理化检测等工作。

四　修复保护原则

由于铜镜历经两千年左右，受埋藏环境、出土后保存环境突变等诸方面自然因素影响，造成铜镜劣化和结构损伤。即使没有锈蚀的铜镜，在现有大气环境下也处于亚健康状态，如不采取有效保护措施，将会加剧锈蚀速度。为了展示这批铜镜的风貌，必须进行修复保护。在修复保护中，我们在《中华人民共和国文物保护法》规定的"修复馆藏文物，不得改变馆藏文物的原状"的大原则下，针对这批文物的出土特点，尽量恢复其原状，以对历史和对后代负责的态度，结合现代文物保护修复理念，制定修复保护方案。

保护修复方案主要体现以下几个方面。

1. 原真性

残片拼对要力求精准，纹饰对齐不错位，修残补缺不臆造，无根据者宁缺毋滥，以免贻误后人，以还原其真实的文物信息和历史价值。

2. 所用材料应具有可逆性

对修复保护全过程中所用修复材料选用现有条件下环保型、可再处理型的材料修残补缺，并详细记录修复工艺和过程，以便后人了解修复工艺、材料，进一步改进完善修复保护工艺。

3. 最小干预性

在修复保护过程中，注意保留每件铜镜原有形态和历史信息，尤其是铜镜图案和铭文，将人为附加部分做到最低程度，用在最有必要的修补部位。对完整的铜镜保护不刻意弥补表面残损，而是加强铜镜所处环境的控制。

4. 可识别性

在铜镜的修残补缺工艺中不可避免的添加一些新材料，这些材料既要忠实于原作的艺术性和历史见证，又要与铜镜原锈蚀外貌有所区别，即修补部位既不能裸露，又要采用传统作色工艺与周边锈色和谐，远看浑然一体，以满足展陈需要，细看略有区别。

5. 兼容耐久性

修残补缺所使用的材料应与铜镜腐蚀程度相适应。质地坚固锈蚀程度低的，可采用焊接、黏接工艺。对腐蚀严重甚至矿化的铜镜要先渗透加固再黏接，以保证不改变和破坏铜镜原有基本材质，又利于长期保存。

五　制定保护修复方案

通过对每件铜镜的一系列检测分析，对每件铜镜的病害现状、病因、制作工艺、保存环境有了深入了解。在尊重其历史价值、艺术价值和科学价值的前提下，我们根据每一件铜镜的具体情况，制定了有针对性的修复保护实施方案，使每件铜镜得到切实可靠的修复和科学保护，以再现其本来面目，并最大限度保存原有历史信息，同时满足展览陈列和考古绘图的需要。具体实施过程中，我们采取传统修复工艺技术与现代保护理念以及仪器检测数据相结合的方式，既充分发挥传统技艺恢复器形、纹饰、原有时代风格，又充分利用现代科技手段。

建立健全的保护修复方案，既是对待修复铜镜原状的真实记录，也是对每件铜镜修复保护全过程的跟踪记录。这些内容可以为后人的科学研究提供真实的文献资料。主要内容如下：

1. 填写记录表

认真填写"文物保护修复记录表"，标明器物名称、编号、时代、质地、文物来源、文物等级、修复前（后）的尺寸、重量、既往保护修复情况、原保存环境及保护修复日志。

2. 验明伤况

真实准确记录每件铜镜破损状况、残片数量、残缺部位、锈蚀程度、以及病变情况等。

3. 影像记录

修复前的影像要充分反映伤残状况和锈蚀形态，必要部位做特写记录。修复保护过程中的影像要真实记录每段流程工艺状况及形态变化。修复保护后的影像要完整展示修复部位、保护后形态。

4. 背景资料

搜集相关背景资料，包括出土环境、保管条件、既往修复情况，并提出建议。对本次保护修复处理后的保存环境提出合理要求和建议。

5. 撰写报告

保护修复处理全部结束后进行资料整理，撰写保护修复报告。

六　保护修复工艺流程

1. 清洗

根据每件铜镜具体情况采用物理方法或化学处理方法进行初步清洗。

2. 去锈

对掩盖铭文、纹饰的锈蚀，根据每件铜镜的具体锈蚀类别分别采用机械方法、化学处理或两者结合的方法去锈。对疏松土锈用机械方法剔除，对坚硬的钙化结晶需用一些化学药剂，对锈层软化处理，再根据情况去除。对确诊的有害锈蚀坑需机械剔除后再做化学处理，对矿化的铜镜锈蚀不能去除。总之除锈需针对锈蚀类别、形态、位置、面积等做具体分析处理。

3. 拼对

这批铜镜破碎者很多，有的铜镜碎片多达几十块。拼对过程中需先对器形、纹饰、铭文、锈蚀形态进行了解，再由经验丰富的修复技师操作实施。即使有非常细小的残片也不能轻易舍弃，要反复查找，努力使其复原归位，以保持铜镜原有风格，最大限度保留原始信息和历史价值。

4. 加固

对锈蚀严重甚至矿化的铜镜残片，在去除表面毫无意义的附着物后，先以渗透加固剂做加固处理，以提高残片强度，便于拼对、黏接。

5. 焊接

焊接在青铜器修复中是传统工艺，对于铜质好、铜胎薄的铜镜，采用锡焊工艺，可以提高连接强度和耐候性等诸多性能。同时采取有效措施减少锢水中氯离子的残留。

6. 黏接

对不便于焊接，锈蚀严重但是有效黏接面较大的铜镜可采用树脂类黏接剂进行黏接。利用各残片亲和力形成整体合力，从而使铜镜恢复原状。

7. 补配

对残缺部位的补配必须有可靠依据，否则宁缺毋滥，以留待后人尝试。补配时需根据铜镜原形尺寸、弧度、厚度、纹饰风格，采用翻模制作、树脂金属胶棒塑型、雕刻錾花等工艺手段，与原残片吻合补全恢复原状。

8. 缓蚀

有粉状锈的铜镜，经检测确为有害锈（碱式氯化亚铜）的，须经机械剔除和化学处理后进行缓蚀处理。缓蚀剂采用 3% 苯并三氮唑乙醇溶液。该溶液可以与铜镜表面金属离子结合而形成保护膜。这层膜牢固稳定，不溶于水及许多有机溶剂，并不改变铜镜表面锈蚀色泽。

9. 封护

为了增强铜镜对大气环境中各种有害物质的抵御能力，须采用 2% B72 丙酮溶液封护，以阻止可能出现的新的腐蚀。

10. 做色

为了使黏接碴口、补配部位与原件锈蚀和谐一致，采用传统虫胶清漆加各种颜料着色。

七 保护修复实施举例

根据每件铜镜具体的病害情况进行有针对性的应急修复保护处理。现根据典型工艺的应用介绍保护实例如下：

1. 清洗

这批铜镜都是考古发掘的出土标本，在考古现场未经处理。发掘后几年来存放在库房的自然环境中，表面多有尘埃、浮土附着。针对这种情况，我们先采取"干洗"的方法除尘，用毛刷轻轻扫除尘土。刷不掉的干燥墓土，再进行"水洗"，使用纯净水刷洗铜镜表面的土质附着物。对较坚硬的去除不掉的附着物不要勉强，等下一步去锈过程中再处理。

2. 去锈

实例一：标本 2010HCNM133：7，直径 9.1 厘米，重 138.89 克。在进行保护修复前，镜背大部分被土锈覆盖，仅露出星星点点的光亮地子，边缘处多有凸起硬结物锈蚀；镜面尚好，大部分为水银沁地和黑灰漆骨地子，锈蚀不多。我们先以小刀机械剔除大部分松软土锈。为了很好保护水银地子且能显示纹饰，采用 10% 一水和氨溶液湿敷数小时。在湿敷过程中，不断地用小刀清理土垢、锈蚀、硬结物等。经反复多次湿敷，剔除锈蚀露出本体。该铜镜的造型为圆钮，圆钮座，座外有放射状四蝙蝠形叶，叶尖与四弦弧纹相连，叶间填有"长生宜子"四字铭文；两条弦纹分割成外区，每铭文下外区各有一疑似展翅夔凤几何纹样，宽镜缘（图 3-1）。

图 3-1　铜镜 2010HCNM133：7 去锈（前、后）

实例二：标本 HBBM151：2。该铜镜标本不仅破碎成 14 片，而且残片锈蚀严重，纹饰无法识别。由于锈蚀多呈酥粉状，我们采取如下步骤：（1）先用小刀轻轻刮除残片上部分表面土锈；（2）为防残片进一步断裂，将残片分别刷 2%B72 加固；（3）将残片拼对，黏接成形，缺损处调树脂胶补齐；（4）参照 X 光照片的整体纹饰，用 STRONG204 电动抛磨机逐一打磨，抛磨用力要恰到好处，不可过深伤及纹饰，边做除锈加固处理，以防整体开裂；（5）为了使纹饰更加清晰，局部使用 120 目细砂做喷砂去锈。通过一系列除锈处理，可分辨出此镜为圆钮，圆钮座，纹饰为四乳禽兽纹，两乳缺失，两乳可识，其中一乳上有一五铢纹。因该铜镜质地较差，乳间纹饰腐蚀难辨，外区分别为一圈短线纹，一圈三角锯齿纹，窄镜缘。镜面布满绿锈，并有凸起较高的硬结物（图 3-2）。

3. 拼对

铜镜标本 2009HBDM9：3，器形较小，但破碎十分严重，共 16 块残片。对于这种破碎严重的铜镜，在拼接前应先进行试拼对，以免在黏接或焊接时错位返工。我们根据碎片镜缘，镜钮等不同部位的分类，再根据内外区的破口形状、纹饰进行试拼。必

图 3-2　铜镜 HBBM151：2 去锈和拼对（前、后）

要时使用笔进行编号和标记，以便下一步工艺操作时找准位置。其破口实在拼不上的不必强求，可待补缺时依纹饰走向填空。经拼对后确定此铜镜直径约 11.6 厘米，圆钮，圆钮座，座外四蝙蝠形叶向外呈放射状，四叶内角有"位至三公"四字铭文。每个区有涡纹状夔凤，镜缘为 16 个环绕一周的连弧纹（图 3-3）。

4. 焊接

铜镜标本 2009HGPM76：7，残破为三块并有缺失。铜质较好，厚约 0.1 厘米。因其断口太薄，为提高其强度采用锡焊方法。先锉出坡口，涂抹锡水，再用电烙铁蘸上焊锡进行焊接、修整。再将铜镜用纯净水刷洗后，在纯净水中浸泡 16 小时以求尽量消除锡水残液中的氯离子。残损的约 1/5 部分补齐，使

图 3-3　铜镜 2009HBDM9：3 拼对（前、后）

用黏接和焊接技术使其成形。修复后的铜镜直径9厘米，桥形钮、素面镜背，镜面平滑水银浸地，一残片上绿锈较多（图3-4）。

图 3-4 铜镜 2009HGPM76：7 焊接和补缺（前、后）

5. 黏接

铜镜标本 2010HCNM125：11，残片多达 30 片。经试拼确定了各残片的基本位置后，尚缺失镜缘宽约 4、向内长约 7 厘米的不规则长条。从外形看，碎片中属于镜缘的有 10 片，残片较大。内区残片。这样以镜钮为中心进行拼粘，调 914 黏合剂黏合，黏时依形随时调整，小碎渣两三片先组合黏接成大片，几个大片再组合黏接起来成一局部，其间要注意纹饰的完整性，不可错位欠茬，保持整体的平整。为使黏接位置准确，黏面两侧用热熔胶做临时固定。待 914 树脂胶完全固

图 3-5 铜镜 2010HCNM125：11 黏接（前、后）

化再黏下一片。如此反复拼黏长大，最后黏合镜缘。缺损部位随形补齐，经修饰纹饰恢复原状。此镜直径为 19.9 厘米，重 53.3 克。圆钮，圆钮座。座外有四蝙蝠形叶，叶间有铭，一圈等高宽弦纹分隔内外区。外区有四乳丁纹和四个菱形纹饰，八个向内连弧纹，宽镜缘，呈灰水银质地，镜面光亮，略有绿锈（图3-5）。

6. 补配

这批铜镜修复中的补配工艺主要有三种形式。

第一种，沟缝填胶。

标本 2009HBDM18：3，发掘出土后曾进行过修复，黏接后的铜镜镜身有欠缺，且有通透的裂缝。我们先行将镜体分解后进行重新黏合，用丙酮擦拭处理裂缝清除污物，调环氧树脂加颜料与原件色泽近似。然后进行沟缝填胶，将镜背镜面填实，注意填塞物不要高出器表。恢复原状的铜镜直径 12.1 厘米，重 340 克，圆钮，圆钮座，座外有一圈等高弦纹，内区有八个向内连弧纹，外区四圈细弦纹及一周短线纹，宽镜缘（图3-6）。

第二种，塑形雕刻。

标本 2010HCNM125：11，碎片达 30 片，经拼对黏接，尚有残缺。我们采用瞬时固化铜胶棒进行补缺，经随形塑出镜缘，连弧纹雏形，再打磨细雕，刻出乳丁纹及弦纹，使其恢复原状。铜镜纹饰中的四蝙蝠形叶间铭文基本完整，另两字因没有可

图 3-6 铜镜 2009HBDM18：3 沟缝填胶（前、后）

靠依据，暂作空缺（图 3-7）。

第三种，翻模塑型。

标本 2009HBZM73：3，有 6 片残片，经拼对黏接，可确定仍有 2/5 的缺损。缺损部位主要是宽镜缘和连弧纹，以及较少的蝙蝠型叶纹。由于铜镜纹饰是对应的，在铜镜相应完整的纹饰部分，调石膏浆做模。石膏硬化后，在模内刷清洁脱模剂。揉捏瞬时固化铜胶棒至柔软如泥，按在石膏模中，硬化后取出，与缺损部位纹饰对接严密，黏合，修整。恢复原状后的铜镜四蝙蝠叶间铭文有两字可辨，另两字待查。该镜直径 11.1 厘米，圆钮，圆钮座，座外有四蝙蝠形叶向外呈放射状，四叶间铭文有二字缺失。周边有八个向内连弧纹，宽镜缘。镜背、镜面绿锈较多，锈间有光亮的水银浸地（图 3-8）。

图 3-7　铜镜 2010HCNM125：11 塑形雕刻（前、后）

图 3-8　铜镜 2009HBZM73：3 翻模塑型（前、后）

7. 做旧

这是传统修复铜镜的一大特色，经做旧工序后可再现铜镜古朴的艺术风格。根据各件铜镜原有锈蚀色泽调出胶片漆和不同的各色颜料。用笔点、画、皴、戳等多种笔法，配合牙刷喷弹色浆，不仅使其色泽一致，锈蚀形态也相似，使整体基本和谐一致。

八　保护环境建议

在这批铜镜的修复保护过程中，我们遵循文物保护原则，应用现代铜器保护理念，依据现代化仪器设备提供的可靠数据，以传统修复工艺为主，针对每件铜镜具体病害，采用多种机械的、化学处理的方法消除病害，恢复原状。

1. 对瘤状物的锈蚀处理

瘤状物状态是一种特殊腐蚀现象，有两种表现形式。一种是在腐蚀光膜（即地子）下产生粉状锈，将腐蚀光膜拱起成鼓包，表面非常脆弱，一碰即破，露出浅绿色粉状锈。如标本 2010HCNM125：11，可见镜背镜缘凸起的瘤状起泡，及表面破碎后留下的凹坑。对凹坑内粉状锈需及时处理，对未破的瘤状物尽量保护封护，避免其破裂，从而最大程度地保存原有的历史信息。其内部病害目前尚无应对方法，因此留待后人用更新的技术去处理。

瘤状物的另一种表现形式是整个锈蚀呈隆起状，俗称发锈。如标本 2009HBZM49：13，其镜面锈蚀深浅绿锈高低起伏不平。这种锈是因基体的穿晶腐蚀造成，如若去除会造成大面积的塌陷。为

图 3-9 铜镜瘤状物的锈蚀处理
(2010HCNM125：11、2009HBZM49：13)

图 3-10 铜镜粉状锈的处理
(2009HBDM52：1 和 2009HMNM4：5)

了最大程度保留文物信息，我们采取保守治疗的方法，对该隆起部分封存处理，减少外界因素的影响，最大程度降低腐蚀速度，延长铜镜寿命（图3-9）。

2. 对粉状锈的处理

该批铜镜上的粉状锈大多呈点腐状，如采用机械剔除，挖疮补洞修复，必然造成铜镜千疮百孔，失去很多文物信息，对铜镜的艺术风貌影响较大。典型标本有 2009HBDM52：1 和 2009HMNM4：5。针对此病害采用缓蚀封护的方法进行处理，以保持原有文物风貌（图 3-10）。

3. 补配问题

修复中补配的目的是恢复文物的原貌，体现原有的历史价值、艺术价值和科学价值。在此原则下，铜镜的复原补配必须有确实的依据，不管破碎多少片，只要经拼对黏接后能显示主体纹饰，便可依铜镜形制特点恢复原状。对残缺过半，不能完整显示主体纹饰的，则不强求补配。例如标本 2009HBDM11：5，残缺过半，无钮（图 3-11）。标本 2009HCDM18：3，仅残存约 1/6 的一小片，无法辨识整体结构，只能留作考古资料给予后人研究。

4. 做旧

做旧是传统修复的一大特色，它充分显示出传统修复工艺的高超水平。如何将传统工艺与现代文物修复理念中的"可识别性"有机结合，充分展现文物的艺术价值，是我们长期探索的学术课题。对此我们采取镜背展出，镜背作色细一点，尽量使修补处色泽与原有锈色和谐一致，镜面修补处色泽与原锈略有区别，以便考古科技工作者进行研究。

图 3-11 铜镜补配问题
(2009HBDM11：5)

九 结语

经过一系列的修复步骤，我们尽量恢复这批铜镜的完整状态，对于铜镜的纹饰辨识也提供了较大帮助。修复之初，多数铜镜因锈蚀或破碎，无法确定纹饰内容。修复后的铜镜，其纹饰类型和细节可以确定，为研究汉代辉县地区随葬铜镜的特点和制镜工艺无疑大有裨益（表 3-3）。

　　这批铜镜数量多，修复工作量大，时间紧迫，因此本次修复保护工作定位为抢救性修复。因时间关系，有些铜镜未做彻底处理。需要指出的是，铜器的修复中，即使对所有病害完全进行处理，未来也不是一劳永逸的。未来对这些铜镜的展示或库房管理中应定期检查是否产生新的病害，做到早发现、早预防、早治疗，以免产生严重病害，造成不可挽回的损失。另外，因有些铜镜的修复采取黏合的方法，因此在搬迁或移动时应小心谨慎。具体的保存条件，应将库房或展室温度控制在20℃、湿度控制在40%以下，在自然环境中保存，加强通风，避免光辐射、空气污染以及微生物的侵害。使铜镜处于相对稳定的环境中，并做到定期检查，以便把问题消灭在萌芽状态，及早处理，预防病害的发生和蔓延。

　　随着时代的发展，文物保护水平不断提高，传统青铜器修复和保护方法在不断发展和完善。该批铜镜的修复保护采用多学科、多领域合作方式完成，是我们近年来文物保护修复的一次重要尝试。在此还要特别感谢北京大学考古文博学院胡东波教授等多家单位在检测数据方面提供的支持。

表 3-3　辉县汉墓出土铜镜修复前后对比表

序号	出土地点	铜镜编号	铜镜纹饰	修复前纹饰辨识程度	修复后纹饰辨识程度	修复前	修复后
1	城关镇东石河	2009HCD M18：1	吾作环状乳神兽纹镜	可模糊辨识，细部不清晰	半数图案清晰		
		2009HCD M18：2	变形夔凤纹镜	无法辨识	可辨识		

序号	出土地点	铜镜编号	铜镜纹饰	修复前纹饰辨识程度	修复后纹饰辨识程度	修复前	修复后
1	城关镇东石河	2009HCD M18：3	连弧纹	可模糊辨识	大半可清晰辨识		
		2009HCD M69：1	纹饰不清	无法辨识	部分可辨识		
2	城关镇南关村	2009HCN M120：3	四乳几何纹镜	无法辨识	可辨识		
		2009HCN M114：2	四乳禽鸟纹镜	部分可模糊辨识	可基本辨识		

序号	出土地点	铜镜编号	铜镜纹饰	修复前纹饰辨识程度	修复后纹饰辨识程度	修复前	修复后
2	城关镇南关村	2009HCN M114：15	变形四叶纹镜	可辨识	可辨识		
		2009HCN M116：2	简式博局镜	无法辨识	可辨识		
		2010HCN M133：16	龙虎纹镜	无法辨识	可辨识		
		2010HCN M131：2	简式博局纹镜	可模糊辨识	可辨识		

序号	出土地点	铜镜编号	铜镜纹饰	修复前纹饰辨识程度	修复后纹饰辨识程度	修复前	修复后
2	城关镇南关村	2010HCNM125：11	连弧纹镜	无法辨识	可辨识		
		2010HCNM133：17	变形四叶夔纹镜	无法辨识	可辨识		
3	百泉镇小官庄	2010HBXM147：2	变形四叶夔纹镜	可模糊辨识	可辨识		
		2010HBXM147：3	纹饰不清	无法辨识	无法辨识		

序号	出土地点	铜镜编号	铜镜纹饰	修复前纹饰辨识程度	修复后纹饰辨识程度	修复前	修复后
3	百泉镇小官庄	2010HBX M120：2	连弧纹镜	可模糊辨识	可以辨识		
		2010HBX M123：4	四乳四神镜	可模糊辨识	可辨识		
4	百泉镇赵庄	2009HBZ M31：1	云雷铭文连弧纹镜	无法辨识	可基本辨识		
		2009HBZ M49：13	连弧纹镜	无法辨识	可辨识		

序号	出土地点	铜镜编号	铜镜纹饰	修复前纹饰辨识程度	修复后纹饰辨识程度	修复前	修复后
4	百泉镇小官庄	2009HBZ M68：4	连弧纹镜	无法辨识	可辨识		
		2009HBZ M53：6	四乳人物画像镜	可模糊辨识	可辨识		
		2009HBZ M49：7	无法辨识		可部分辨识，未能命名		
		2009HBZ M57：1	四乳禽鸟纹镜	可模糊辨识	可辨识		

序号	出土地点	铜镜编号	铜镜纹饰	修复前纹饰辨识程度	修复后纹饰辨识程度	修复前	修复后
4	百泉镇小官庄	2009HBZM65：1	连弧纹镜	无法辨识	可基本辨识		
		2009HBZM61：1	简式博局纹镜	无法辨识	可辨识		
		2009HBZM82：2	简式博局纹镜	无法辨识	基本可辨识		
		2009HBZM73：3	连弧纹镜	无法辨识	可大部辨识		

序号	出土地点	铜镜编号	铜镜纹饰	修复前纹饰辨识程度	修复后纹饰辨识程度	修复前	修复后
5	百泉镇杨庄	2009HBYM56：6	素面镜				
		2009HBYM43：1	素面镜				
		2009HBYM94：4	星云纹镜	无法辨识	基本可辨识		
6	百泉镇大官庄	2009HBDM52：1	连弧纹镜	可辨识	可辨识		

序号	出土地点	铜镜编号	铜镜纹饰	修复前纹饰辨识程度	修复后纹饰辨识程度	修复前	修复后
6	百泉镇大官庄	2009HBD M9：8	连弧纹镜	可模糊辨识	可辨识		
		2009HBD M191：9	飞凤纹镜	可模糊辨识	可辨识		
		2009HBD M9：3	变形四叶夔纹镜	无法辨识	基本可辨识		
		2009HBD M18：3	纹饰不清	无法辨识	可辨识，残存过少，无法定名		

序号	出土地点	铜镜编号	铜镜纹饰	修复前纹饰辨识程度	修复后纹饰辨识程度	修复前	修复后
6	百泉镇大官庄	2009HBD M11：5	纹饰不清	无法辨识	可辨识，无法定名		
		2009HBD M10：2	连弧纹镜	可辨识	可辨识		
7	百泉镇赵雷	2009HBZ M24：3	四乳四虺镜	可辨识	可辨识		
		2009HBZ M27：2	星云纹镜	可辨识	可辨识		

序号	出土地点	铜镜编号	铜镜纹饰	修复前纹饰辨识程度	修复后纹饰辨识程度	修复前	修复后
8	百泉镇百泉村	2010HBB M151：6	连弧纹镜	无法辨识	可辨识		
		2010HBB M151：2	龙虎纹镜	无法辨识	可部分辨识		
		2010HBB M151：7	连弧纹镜	无法辨识	可部分辨识		
9	孟庄镇路固	2009HML M92：1	鸟纹镜	可模糊辨识	可模糊辨识		

序号	出土地点	铜镜编号	铜镜纹饰	修复前纹饰辨识程度	修复后纹饰辨识程度	修复前	修复后
9	孟庄镇路固	2009HML M92：2	连弧纹镜	可模糊辨识	可清晰辨识		
		2009HML M92：3	连弧纹镜	无法辨识	可模糊辨识		
		2009HML M90：3	长宜子孙连弧纹镜	可模糊辨识	可基本辨识		
		2009HML M93：5	龙虎纹镜	无法辨识	可以辨识		

序号	出土地点	铜镜编号	铜镜纹饰	修复前纹饰辨识程度	修复后纹饰辨识程度	修复前	修复后
9	孟庄镇路固	2009HML M74：1	连弧纹镜	无法辨识	可以辨识		
10	孟庄镇南陈马村	2009HMN M4：5	变形夔龙纹镜	可以辨识	可以辨识		
		2009HMN M4：20	连弧纹镜	可基本辨识	可以辨识		
		2009HMN M5：2	纹饰不清	无法辨识	可模糊辨识，无法定名		

序号	出土地点	铜镜编号	铜镜纹饰	修复前纹饰辨识程度	修复后纹饰辨识程度	修复前	修复后
10	孟庄镇南陈马村	2010HMN M1：44	四乳几何纹镜	可以辨识	可以辨识		
11	高庄庞村	2009HGP M76：7	素面镜				

肆　南水北调工程辉县
路固墓地铜镜 X 射线成像分析

胡东波[*]

2015 年 1 月，北京大学考古文博学院使用 XXQ-2005 型便携式变频充气 X 射线探伤机，在安阳市博物馆和安阳市文物考古研究所对南水北调中线工程文物保护项目辉县路固汉墓群和辉县市博物馆巡河期间抢救发掘的汉墓所出铜镜进行了检测分析。下面选其中 23 件铜镜介绍。

1. 铜镜 06HGB 区 T11M21：30

器表现象：

镜背表面除了很少部位保留了铜镜原始的银白色状态外，表面大部被锈蚀覆盖，锈蚀层不厚，锈蚀以黑色、绿色、浅绿色为主，局部有点蚀现象。一道未贯穿裂隙自铜镜边缘从镜钮一侧穿过向前延伸（图 4-1）。

镜面全部被锈蚀覆盖，锈色以黑色、绿色为主，局部可见下层红色氧化亚铜（图 4-2）。

X 射线影像：

X 射线影像如图 4-3 所示，可以看到清晰的纹饰影像，未见其他明显的铸造工艺信息。

肉眼观察到的裂隙只有一条，而在 X 射线影像下，呈现出有多条枝状裂隙，边缘处一处环状裂隙，并沿着裂隙存在腐蚀扩展情况。

两处严重颜色很深的腐蚀区，说明该区域较严重，铜镜外区部分区域有暗灰色区域，因而也存

图 4-1　铜镜 06HGB 区
T11M21：30 镜背

图 4-2　铜镜 06HGB 区
T11M21：30 镜面

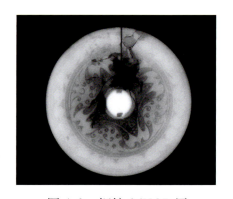

图 4-3　铜镜 06HGB 区
T11M21：30 X 射线影像

*　胡东波：北京大学考古文博学院。

在一定程度的腐蚀。

2. 铜镜 06HGB 区 T6M8：14

器表现象：

如图 4-4 所示，镜背表面大部位保留了铜镜原始的银白色状态，表面有少量绿色锈蚀，锈蚀层很薄，未见点蚀现象。两道近垂直贯穿裂隙自镜钮侧穿过。

如图 4-5 所示，镜面近一半被锈蚀覆盖，锈色以黑色、绿色为主，局部可见浅绿色点蚀。

X 射线影像：

X 射线影像如图 4-6 所示，可以看到清晰的纹饰影像，未见其他明显的铸造工艺信息。

肉眼观察到的裂隙主要有两条近似交叉的裂纹，而在 X 射线影像下，呈现出有多条枝状裂隙。

器物内部部分地方有沙状黑点，应与点蚀有关，一处颜色较深的区域，应不是腐蚀造成的，而

  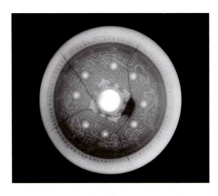

图 4-4　铜镜 06HGB 区　　　图 4-5　铜镜 06HGB 区　　　图 4-6　铜镜 06HGB 区
T6M8：14 镜背　　　　　　T6M8：14 镜面　　　　　　T6M8：14 X 射线影像

是局部器体比较薄造成的，靠近镜钮处，镜体有一处缺失。

3. 铜镜 06HGA 区 M57：25

器表现象：

如图 4-7 所示，镜背表面大部位保留了铜镜原始的银白色状态，表面有少量绿色锈蚀，锈蚀层很薄，未见点蚀现象。共有三道裂隙，其中两道近垂直 T 形裂隙，其中一道贯穿镜体裂隙自镜钮侧穿过，镜体有两处小面积缺损，缺损部位均在裂隙交汇处。

  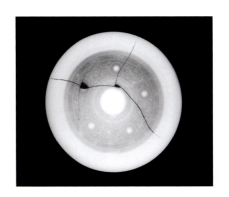

图 4-7　铜镜 06HGA 区　　　图 4-8　铜镜 06HGA 区　　　图 4-9　铜镜 06HGA 区
M57：25 镜背　　　　　　M57：25 镜面　　　　　　M57：25 X 射线影像

如图 4-8 所示，镜面多于一半被锈蚀覆盖，锈色以绿色为主，少量浅绿色点蚀。

X 射线影像：

X 射线影像如图 4-9 所示，可以看到清晰的纹饰影像，未见其他明显的铸造工艺信息。

在 X 射线影像下，观察到有三条裂隙。器物内部保存状况比较好，上部有颜色略深的区域，不是腐蚀造成的，这个区域分布较多黑点，应是镜体在铸造过程中产生的气孔，一处有点腐蚀造成的阴影，两处裂隙交汇处镜体有少量缺失。

4. 铜镜 06HGA 区 T3M67：1

器表现象：

如图 4-10 所示，器物应修复过，镜背表面大部位保留了铜镜原始的银白色状态，锈色为棕色、枣红色和绿色，部分有害锈腐蚀已经破坏铜镜原始表面形成凹坑。共有数道裂隙遍布器体，贯穿性断裂有一条。

如图 4-11 所示，镜面大半被锈蚀覆盖，锈蚀颜色以绿色为主，少量棕黑色，小部分保留较好的银色。

X 射线影像：

X 射线影像如图 4-12 所示，可以看到清晰的纹饰影像，未见其他明显的铸造工艺信息。

在 X 射线影像下，观察到有多条裂隙形成网状，而且三分之一的器体存在大量细小的龟裂，贯穿器体的断裂仅一条。器物存在两处颜色略深的腐蚀严重区域，其中较大的腐蚀区域已经将铭文破坏。

  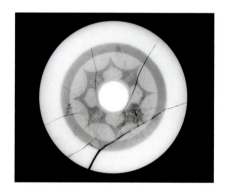

图 4-10　铜镜 06HGA 区　　图 4-11　铜镜 06HGA 区　　图 4-12　铜镜 06HGA 区
　 T3M67：1 镜背　　　　　 T3M67：1 镜面　　　　　 T3M67：1 X 射线影像

5. 铜镜 06HGA 区 T26M58：11

器表现象：

如图 4-13 所示，镜背表面全部被锈蚀覆盖，锈色以暗褐色和绿色为主，部分表面存在蓝色锈蚀，很少量枣红色锈蚀显露。通过观察，枣红色锈蚀在最下层，其上为暗褐色锈蚀，暗褐色锈蚀上为绿色和蓝色锈蚀，锈层不厚，可以见到所有纹饰，未见明显的有害锈。一道贯穿性断裂从镜钮外侧通过，另有一 Y 字型未贯穿裂隙从镜钮中间穿过。

如图 4-14 所示，镜面几乎完全被锈蚀覆盖，锈蚀颜色以暗褐色为主，少量绿色锈蚀，部分地方露出下层枣红色锈蚀，部分上层存在土壤沉积物（土锈）。

镜面可以观察到少量有害锈。

X 射线影像：

X 射线影像如图 4-15 所示，可以看到清晰的纹饰影像，未见其他明显的铸造工艺信息，器物存在一处颜色略深的器体较薄区。

在 X 射线影像下，观察到如表面显示的一条贯穿性断裂，一未贯穿器体的 Y 字形断裂，少量点蚀。

图 4-13　铜镜 06HGA 区
T26M58：11 镜背

图 4-14　铜镜 06HGA 区
T26M58：11 镜面

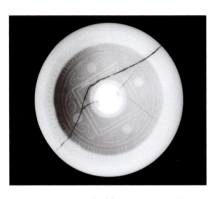

图 4-15　铜镜 06HGA 区
T26M58：11 X 射线影像

6. 铜镜 06HGA 区 T3M3：1

器表现象：

如图 4-16 所示，镜背表面大部位保留了铜镜原始的银白色状态，表面有少量绿色锈蚀，锈蚀层很薄，上部边缘可见有害锈。铜镜有多道裂隙，但没有缺损。

如图 4-17 所示，镜面大部被锈蚀覆盖，锈色以暗褐色和绿色为主，少量枣红色氧化亚铜以及近原始状态的镜面。通过观察各层锈蚀，枣红色在最下层，暗褐色居中，绿色锈蚀在最上层部分地方存在有害锈点蚀。

X 射线影像：

X 射线影像如图 4-18 所示，可以看到清晰的纹饰影像，未见其他明显的铸造工艺信息。

在 X 射线影像下，可观察到除了肉眼可见的多条裂隙外，还存在多条暗裂隙。器物内部保存状况比较好，但存在沿着裂隙扩展的腐蚀和点腐蚀。另外，有四处锡焊修复。

图 4-16　铜镜 06HGA 区
T3M3：1 镜背

图 4-17　铜镜 06HGA 区
T3M3：1 镜面

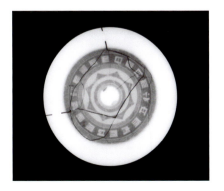

图 4-18　铜镜 06HGA 区
T3M3：1 X 射线影像

7. 铜镜 06HGA 区 T26M58：13

器表现象：

如图 4-19 所示，镜背表面大部位保留了铜镜原始的银白色状态，表面有少量绿色锈蚀，锈蚀层很薄，未见有害锈。铜镜有一道贯穿镜体的裂隙，但没有缺损。

如图 4-20 所示，镜面表面大部位保留了铜镜原始的银白色状态，有少量绿色锈蚀覆盖。

X 射线影像：

X 射线影像如图 4-21 所示，可以看到清晰的纹饰影像，未见其他明显的铸造工艺信息。

在 X 射线影像下，可观察到除了肉眼可见的一条贯穿裂隙外，还存在一条暗裂隙。器物内部保存状况比较好，未见明显腐蚀。

图 4-19 铜镜 06HGA 区　　　图 4-20 铜镜 06HGA 区　　　图 4-21 铜镜 06HGA 区

T26M58：13 镜背　　　　　T26M58：13 镜面　　　　　T26M58：13 X 射线影像

8. 铜镜 06HGB 区 T24M72：22

器表现象：

如图 4-22 所示，镜背表面大部位保留了铜镜原始的银白色状态，表面有极少量绿色锈蚀，部分地方存在有害锈点蚀。铜镜有多道裂隙，有缺损，应是保护修复过，并对器物表面锈蚀进行了清理。

如图 4-23 所示，镜面表面基本保留了铜镜原始的银白色状态，表面有极少量绿色锈蚀和土性沉积物，部分地方存在有害锈点蚀，应是进行过保护修复，表面锈蚀被清理过。

  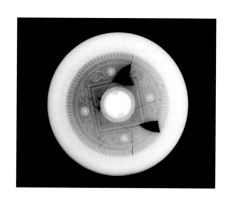

图 4-22 铜镜 06HGB 区　　　图 4-23 铜镜 06HGB 区　　　图 4-24 铜镜 06HGB 区

T24M72：22 镜背　　　　　T24M72：22 镜面　　　　　T24M72：22 X 射线影像

X 射线影像：

X 射线影像如图 4-24 所示，可以看到清晰的纹饰影像，未见其他明显的铸造工艺信息。

在 X 射线影像下，可观察到肉眼也可见的多条裂隙。器物内部保存状况比较好，但存在少量点腐蚀产生的阴影。有四处缺损，其中一处缺损残片放在旁边。

9. 铜镜 06HGC 区 T11M12：12

器表现象：

如图 4-25 所示，镜背表面大部位保留了近三分之一的铜镜原始的银白色状态，表面锈色以浅褐色和蓝色为主，少量绿色锈蚀，锈蚀层不是很厚，少量点蚀。铜镜表面可见一道未贯穿裂隙。

如图 4-26 所示，镜面表面大部保留了铜镜原始的银白色状态，其他部位被锈蚀覆盖，锈色以绿色为主，存在多处点蚀。

X 射线影像：

X 射线影像如图 4-27 所示，可以看到清晰的纹饰影像，未见其他明显的铸造工艺信息。

在 X 射线影像下，除可观察到除了肉眼也可见的一条裂隙外，至少还可以见到另外一条未贯穿裂隙，裂隙之间的关系，由于曝光问题和印钮的遮挡，不能确定。器物内部保存状况比较好，但存在少量点腐蚀产生的阴影。铜镜靠近印钮的一处器体比较薄。

  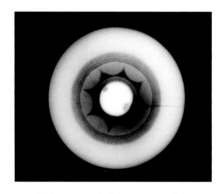

图 4-25　铜镜 06HGC 区　　　　图 4-26　铜镜 06HGC 区　　　　图 4-27　铜镜 06HGC 区
T11M12：12 镜背　　　　　　　T11M12：12 镜面　　　　　　T11M12：12 X 射线影像

10. 铜镜 06HGC 区 T10M4：2

器表现象：

如图 4-28 所示，镜背表面基本保持原始的银白色状态，只有少量锈蚀，锈色以褐色和绿色为主，绿色锈蚀在褐色锈蚀层上面。表面有害锈点蚀，未见裂隙。

如图 4-29 所示，镜面表面大部被锈蚀覆盖，少于三分之一的表面保留原始银白色，锈色以褐色、灰色、绿色为主，可见一两处有害锈点蚀。

X 射线影像：

X 射线影像如图 4-30 所示，可以看到清晰的纹饰影像，未见其他明显的铸造工艺信息。

在 X 射线影像下，未见裂隙和腐蚀现象。

  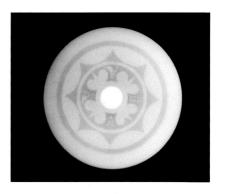

图 4-28   铜镜 06HGC 区   图 4-29   铜镜 06HGC 区   图 4-30   铜镜 06HGC 区
　　　T10M4：2 镜背　　　　　　　　T10M4：2 镜面　　　　　　　　T10M4：2 X 射线

11. 铜镜 06HGA 区 T21M43：38

器表现象：

如图 4-31 所示，镜背完全被褐色、绿色和蓝色锈蚀覆盖，部分地方显露出下层枣红色锈蚀，从目测情况看，锈蚀最下层为枣红色，其上为褐色腐蚀产物，暗绿色锈蚀附在褐色腐蚀产物之上，未见有害锈点蚀。铜镜表面可见一道贯穿裂隙，镜边有部分缺损。

如图 4-32 所示，镜面表面完全被修饰覆盖，锈蚀以棕色、绿色、暗绿色为主，存在三处点蚀，一道贯穿性裂隙。

X 射线影像：

X 射线影像如图 4-33 所示，可以看到清晰的纹饰影像，未见其他明显的铸造工艺信息。

在 X 射线影像下，除可观察到除了肉眼也可见的一条裂隙外，至少还可以见到另外一条未贯穿裂隙，器体薄厚均匀，未见明显腐蚀现象。

  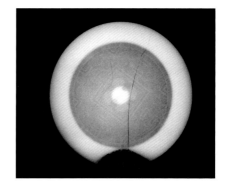

图 4-31   铜镜 06HGA 区   图 4-32   铜镜 06HGA 区   图 4-33   铜镜 06HGA 区
　　T21M43：38 镜背　　　　　　　T21M43：38 镜面　　　　　　　T21M43：38 X 射线影像

12. 铜镜 06HGB 区 T21M62：1

器表现象：

如图 4-34 所示，镜背表面基本保持原始的银白色状态，只有少量锈蚀分布在铜镜边缘，锈色以褐色和绿色为主，绿色锈蚀在褐色锈蚀层上面。表面未见有害锈点蚀。镜体上可见一未贯穿裂隙。

如图 4-35 所示，镜面表面锈蚀覆盖镜体表面近一半面积，二分之一的表面保留原始银白色，锈色以绿色为主，可见数处有害锈点蚀。

X 射线影像：

X 射线影像如图 4-36 所示，可以看到清晰的纹饰影像，镜体边缘一处有明显的铸造气孔，除此之外未见其他明显的铸造工艺信息。

在 X 射线影像下，可见一道未贯穿裂隙，靠近镜体中心附近，存在多处有害锈点腐蚀产生的阴影。

图 4-34　铜镜 06HGB 区
T21M62：1 镜背

图 4-35　铜镜 06HGB 区
T21M62：1 镜面

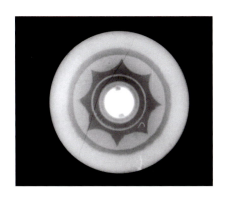

图 4-36　铜镜 06HGB 区
T21M62：1 X 射线影像

13. 铜镜 06HGC 区 T9M3：19

器表现象：

如图 4-37 所示，镜背表面基本保持原始的银白色状态，只有少量锈蚀分布在铜镜中间和边缘，边缘锈色以褐色为主，中间的锈色以绿色为主。表面未见明显有害锈。镜体上可见数道裂隙。

如图 4-38 所示，镜面表面锈蚀覆盖镜体表面近三分之二面积，三分之一的表面保留原始银白色，锈色以褐色和绿色为主，可见数处有害锈，部分地方，腐蚀发生在银色表面之下，形成泡状腐蚀。

X 射线影像：

X 射线影像如图 4-39 所示，可以看到清晰的纹饰影像，除此之外未见其他明显铸造工艺信息。

在 X 射线影像下，可见多道裂隙，并且存在沿裂隙产生的腐蚀，此器物表面保存状况较好，但是腐蚀存在器体内部，存在数处较大面积因腐蚀产生的阴影，影像显示，边缘的腐蚀稍轻，靠近中

图 4-37　铜镜 06HGC 区
T9M3：19 镜背

图 4-38　铜镜 06HGC 区
T9M3：19 镜面

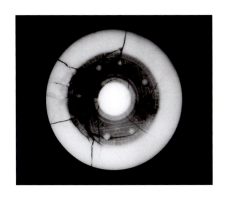

图 4-39　铜镜 06HGC 区
T9M3：19 X 射线影像

心部位，腐蚀比较严重。

14. 铜镜 06HGA 区 T12M26：1

器表现象：

如图 4-40 所示，镜背表面全部被锈蚀覆盖，锈色以暗褐色和绿色为主，部分表面存在蓝色锈蚀，很少量枣红色锈蚀显露出来。通过观察，枣红色锈蚀在最下层，其上为暗褐色锈蚀，暗褐色锈蚀上为绿色和蓝色锈蚀，锈层有一定厚度，纹饰大部可见，存在数处有害锈点蚀。存在数道裂隙。

如图 4-41 所示，镜面几乎完全被锈蚀覆盖，锈蚀颜色以暗褐色和绿色锈蚀为主，部分地方露出下层枣红色锈蚀，存在数处有害锈点蚀。

X 射线影像：

X 射线影像如图 4-42 所示，可以看到清晰的纹饰影像，未见其他明显的铸造工艺信息。

在 X 射线影像下，观察到镜体破碎成数块，并有缺损，说明铜镜经过修复。与表面锈蚀完全覆盖的表现不同，铜镜内部腐蚀状况并不明显，但存在表面看不到的多处暗裂隙，其中一道穿过镜钮孔。

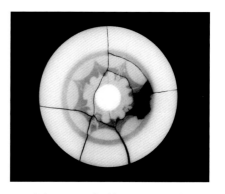

图 4-40　铜镜 06HGA 区　　　图 4-41　铜镜 06HGA 区　　　图 4-42　铜镜 06HGA 区
T12M26：1 镜背　　　　　　T12M26：1 镜面　　　　　T12M26：1 X 射线影像

15. 铜镜 06HGA 区 T10M17：22

器表现象：

如图 4-43 所示，镜背表面近一半保留了铜镜原始的银白色状态，锈色以黑色、绿色为主，锈蚀层较薄，可见数处有害锈。铜镜有多道裂隙，一处缺损。

如图 4-44 所示，镜面大部被锈蚀覆盖，锈色以暗褐色和绿色为主，少量枣红色氧化亚铜以及近原始状态的镜面。通过观察各层锈蚀，枣红色在最下层，暗褐色居中，绿色锈蚀在最上层，部分地方存在有害锈点蚀。

X 射线影像：

X 射线影像如图 4-45 所示，可以看到清晰的纹饰影像，未见其他明显的铸造工艺信息。

在 X 射线影像下，可观察到除了肉眼可见的多条裂隙外，还存在多条暗裂隙，以及沿着暗裂隙产生的扩展腐蚀。器体部分地方由于腐蚀在 X 射线影像中显示暗色，暗色深浅不一，暗色部位腐蚀更为严重。

  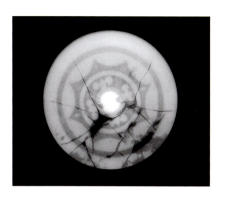

图 4-43　铜镜 06HGA 区　　　图 4-44　铜镜 06HGA 区　　　图 4-45　铜镜 06HGA 区
　T10M17：22 镜背　　　　　　T10M17：22 镜面　　　　　T10M17：22 X 射线影像

16. 铜镜 06HGA 区 T27M59：1

器表现象：

如图 4-46 所示，镜背表面基本被锈蚀覆盖，锈色以暗褐色、绿色为主，锈蚀层不厚。铜镜有多道裂隙，很少部分表面保留了原始的银色。镜体应该经过保护修复。

如图 4-47 所示，镜面大半被锈蚀覆盖，锈色以绿色为主，另外一半呈银色表面。

X 射线影像：

X 射线影像如图 4-48 所示，可以看到清晰的纹饰影像，未见其他明显的铸造工艺信息。

在 X 射线影像下，可观察到除了肉眼可见的多条裂隙外，还存在更多条暗裂隙，以及沿着暗裂隙产生的扩展腐蚀。器体部分地方由于腐蚀在 X 射线影像中显示暗色，暗色深浅不一，暗色部位腐蚀更为严重，同时，影像显示器体存在多处由于点蚀形成的孔洞。

  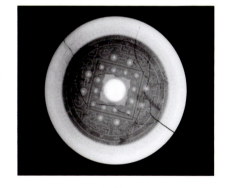

图 4-46　铜镜 06HGA 区　　　图 4-47　铜镜 06HGA 区　　　图 4-48　铜镜 06HGA 区
　T27M59：1 镜背　　　　　　T27M59：1 镜面　　　　　T27M59：1 X 射线影像

17. 铜镜 06HGA 区 T3M71：1

器表现象：

如图 4-49 所示，镜体呈圆形，形状不规则，镜背表面基本被锈蚀覆盖，只有很少部分保留原有银色，锈色以暗褐色为主，少量绿色和红色锈蚀产物，锈蚀层不厚。铜镜有一道贯穿性裂隙，应是断裂后修复。

如图 4-50 所示，镜面完全被锈蚀覆盖，锈色暗褐色，少量绿色，部分绿色腐蚀部位，产生龟裂。

X 射线影像：

X 射线影像如图 4-51 所示，可以看到清晰的纹饰影像，未见其他明显的铸造工艺信息。

在 X 射线影像下，可观察到除了肉眼可见的裂隙外，还存在多条暗裂隙，以及沿着暗裂隙产生的扩展腐蚀。器体厚度均匀，整体腐蚀也比较均匀，未见点蚀形成的孔洞。

  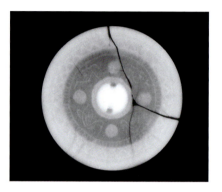

图 4-49　铜镜 06HGA 区　　　　图 4-50　铜镜 06HGA 区　　　　图 4-51　铜镜 06HGA 区

T3M71：1 镜背　　　　　　　　T3M71：1 镜面　　　　　　　T3M71：1 X 射线影像

18. 铜镜 06HGA 区 T13M28：2

器表现象：

如图 4-52 所示，器物本体破碎严重，缺损较多，经过保护修复，器物大体形状得到恢复。镜背表面基本保留原有银色，部分地方存在锈蚀，锈色以暗褐色为主，少量绿色锈蚀产物，锈蚀层不厚，部分地方有腐蚀凹坑，凹坑内部呈浅绿色。

如图 4-53 所示，镜面基本保留原有银色表面，局部保留少量绿色，表面存在少量腐蚀凹坑，其内颜色呈灰绿色，部分银色表面下存在腐蚀现象，导致银色表面凸起。

X 射线影像：

X 射线影像如图 4-54 所示，可以看到清晰的纹饰影像，未见其他明显的铸造工艺信息。

在 X 射线影像下，可观察到除了肉眼可见的裂隙、缺损外，还存在多条暗裂隙，以及沿着暗裂隙产生的扩展腐蚀，局部由于腐蚀呈灰色。

  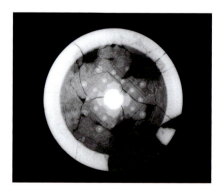

图 4-52　铜镜 06HGA 区　　　　图 4-53　铜镜 06HGA 区　　　　图 4-54　铜镜 06HGA 区

T13M28：2 镜背　　　　　　　T13M28：2 镜面　　　　　　T13M28：2 X 射线影像

19. 铜镜 06HGA 区 T12M22：5

器表现象：

如图 4-55 所示，器物本体破碎成数块，镜背表面基本保留原有银色，部分地方存在锈蚀，锈色以暗褐色和暗绿色锈蚀为主，少量枣红色锈蚀，锈蚀层很薄。

如图 4-56 所示，镜面基本被锈蚀覆盖，锈色以绿色为主，少量枣红色，局部保留原有银色表面，表面存在少量腐蚀凹坑，其内颜色呈浅绿色，断裂处经过焊接处理。

X 射线影像：

X 射线影像如图 4-57 所示，可以看到清晰的纹饰影像以及少量细小的气孔，未见其他明显的铸造工艺信息。

在 X 射线影像下，可观察到除了肉眼可见的裂隙外，还存在多条暗裂隙，以及沿着暗裂隙产生的扩展腐蚀，以及一处面积不大的缺损。

  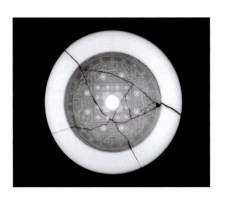

图 4-55　铜镜 06HGA 区　　　图 4-56　铜镜 06HGA 区　　　图 4-57　铜镜 06HGA 区
T12M22：5 镜背　　　　　　　T12M22：5 镜面　　　　　　T12M22：5 X 射线影像

20. 铜镜 06HGB 区 T7M17：1

器表现象：

如图 4-58 所示，器物保存完整，镜背大部分表面保留原有银色，部分地方存在锈蚀，锈色以褐色和绿色锈蚀为主，锈蚀层很薄。

如图 4-59 所示，镜面大半被锈蚀覆盖，锈色以绿色为主，下层为暗褐色锈蚀，另外一部分保留

  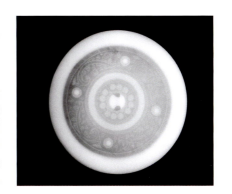

图 4-58　铜镜 06HGB 区　　　图 4-59　铜镜 06HGB 区　　　图 4-60　铜镜 06HGB 区
T7M17：1 镜背　　　　　　　T7M17：1 镜面　　　　　　　T7M17：1 X 射线影像

原有银色表面。

X 射线影像：

X 射线影像如图 4-60 所示，可以看到清晰的纹饰影像，未见其他明显的铸造工艺信息。

在 X 射线影像下，可观察到一道裂隙，以及局部的腐蚀点，在影像上为浅灰色，器体厚薄并不均匀。

21. 铜镜 06HGB 区 T12M22：8

器表现象：

如图 4-61 所示，器物断裂成三块，裂隙呈 T 字形，镜背表面保存较好，大部分表面保留原有银色，局部存在锈蚀，锈色以褐色和绿色锈蚀为主，褐色在下，绿色在上，锈蚀层很薄。

如图 4-62 所示，镜面表面大部分光滑，保留原有的银色表面，表面有少量锈蚀，散落分布，锈色以绿色为主。

X 射线影像：

X 射线影像如图 4-63 所示，可以看到清晰的纹饰影像，零星疑似由于铸造缺陷产生的灰点，未见其他明显的铸造工艺信息。

在 X 射线影像下，可观察到 T 字形断裂，未见腐蚀产生的痕迹。

  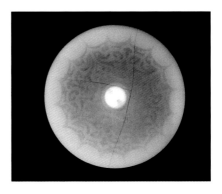

图 4-61　铜镜 06HGB 区　　　图 4-62　铜镜 06HGB 区　　　图 4-63　铜镜 06HGB 区
T12M22：8 镜背　　　　　　T12M22：8 镜面　　　　　　T12M22：8 X 射线影像

22. 铜镜 06HGC 区 M2：19

器表现象：

如图 4-64 所示，镜背表面保存基本完整，可见一道 U 形未贯穿裂隙，表面保存较好，大部分表面保留原有银色，局部存在锈蚀，锈色以绿色和褐色为主，褐色在下，绿色在上，锈蚀层很薄。

如图 4-65 所示，镜面大部被绿色锈蚀覆盖，少量暗褐色锈蚀，少部分保留原有的银色表面，局部银色层起翘。

X 射线影像：

X 射线影像如图 4-66 所示，可以看到清晰的纹饰影像，未见其他明显的铸造工艺信息。

在 X 射线影像下，可观察到除了肉眼可见的 U 形裂隙外，还存在多条暗裂隙，以及沿着暗裂隙产生的扩展腐蚀，多处器物基体由于腐蚀，在影像上呈灰色。

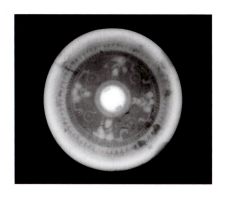

图 4-64　铜镜 06HGC 区
M2：19 镜背

图 4-65　铜镜 06HGC 区
M2：19 镜面

图 4-66　铜镜 06HGC 区
M2：19 X 射线影像

23. 铜镜 06HGC 区 M2：12

如图 4-67 所示，镜体破裂，可见多道裂隙，表面完全被锈蚀覆盖，锈色以浅绿色为主，锈蚀层不厚。

如图 4-68 所示，镜面大部被绿色锈蚀覆盖，少量暗褐色锈蚀，少部分保留原有原始表面呈黑漆古色。

X 射线影像：

X 射线影像如图 4-69 所示，可以看到清晰的纹饰影像，未见其他明显的铸造工艺信息。

在 X 射线影像下，可观察到除了肉眼可见的多道裂隙外，还存在多条暗裂隙，以及沿着暗裂隙产生的扩展腐蚀，多处器物基体由于腐蚀程度不同，在影像上呈深浅不一的灰色或黑色。

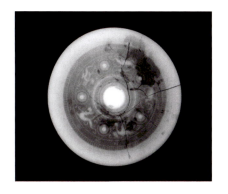

图 4-67　铜镜 06HGC 区
M2：12 镜背

图 4-68　铜镜 06HGC 区
M2：12 镜面

图 4-69　铜镜 06HGC 区
M2：12 X 射线影像

伍　辉县路固汉墓出土变形四叶羽人镜简论

苗　霞[*]

2006～2007 年，为配合河南省境内国家南水北调中线工程干渠建设，中国社会科学院考古研究所在南水北调中线工程干渠区域——新乡辉县孟庄镇路固村西发掘了一处墓地。墓地以两汉时期墓葬最多，另有少量宋代和明清时期墓葬。汉代墓地由 1 座房基、1 座陶窑和 148 座墓葬组成，墓葬的时代从西汉早期到东汉晚期。汉代墓葬以墓组的形式相对集中分布，很少见到单独的墓葬，这些相对集中分布的墓组，很可能是家庭或者家族的墓地。墓葬多数保存完整，出土遗物丰富，有陶器、铜器、玉器、钱币和铜镜等[1]。

路固汉代墓地出土铜镜的共有 71 座墓葬，占汉代墓葬总数的 48%。71 座汉代墓葬共出土 98 件铜镜，其中 46 座各出土 1 件铜镜，20 座各出土 2 件铜镜，4 座各出土 3 件铜镜。铜镜类型有昭明镜、日光镜、四乳镜、五乳镜、七乳镜、连弧纹镜、云雷纹镜、博局镜、变形四叶纹镜和龙虎纹镜，以连弧纹镜、博局镜和多乳镜的数量最多。铜镜制作差别很大，有的精致，纹饰繁复；有的则粗糙、随意，纹饰简单。其中，AM46 出土的 1 件变形四叶纹铜镜制作精良，装饰纹饰为以往发掘的铜镜中所不见。现对这件铜镜进行简单分析，以就正于方家。

一　出土情况

变形四叶羽人纹铜镜出土于 AM46。该墓位于 A 区东南的 T22 中南部，由坟丘、墓道、封门、甬道、墓室组成。墓道位于墓室北侧中部，平面呈平头铲状，通长 8.76 米。墓道底面呈斜坡状，坡度约 25 度，斜坡面上有十五个凹坑式台阶。墓室为拱顶土洞结构，平面呈 "T" 字形，由前堂和后室组成。前堂为横前堂结构，可分为左、中、右三区，东西通长 4.5、南北宽 1.64～2.04 米。中区平面近正方形，边长 1.9～1.94 米。左、右两区均为生土台铺砖结构，高于前室地面 0.14～0.18 米。后室平面呈南北向长方形，为生土台铺砖结构，南北长 3、东西宽 1.96～2.1 米，地面高于前室地面 0.18～0.24 米。

墓内有两副木棺，均放置于后室，右侧棺长 2.14、宽 0.62～0.66 米，左侧棺长 2.2、宽 0.74 米。木棺底面均铺有一层白灰泥。两副棺内各有一具完整的人骨架，但均朽蚀成粉末状。此墓应为夫妇合葬墓，两位墓主均为一次葬，仰身直肢，头向北。右侧棺内墓主面向西，身高约 1.8 米，应为壮年男性。左侧棺内墓主面向上，身高约 1.5 米，应为成年女性。墓内出土遗物有釉陶壶、罐、陶井、灶、圈、樽、耳杯、案、盘，铜钱、铜镜、带钩、管、铁刀、剑、灯、钩、镊、银指环、铅钗和衔饰、

*　苗霞：中国社会科学院考古研究所。

[1]　中国社会科学院考古研究所：《辉县路固》（上、中、下），科学出版社，2017年。

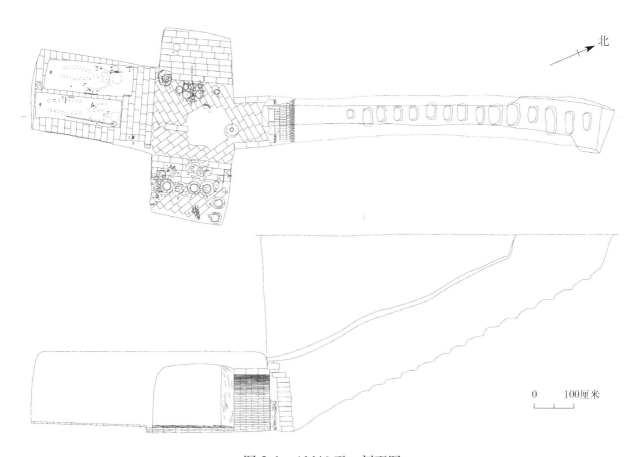

图 5-1 AM46 平、剖面图

1.变形四叶羽人铜镜 10、14."长宜子孙"连弧纹铜镜

骨六博骰子等（图 5-1）。

AM46 共出土 3 件铜镜，分别位于男性墓主头部左上方（AM46：1）、女性墓主头部右侧（AM46：10）和前室左区中部（AM46：14）。其中 AM46：1 为变形四叶羽人纹铜镜，另 2 件均为"长宜子孙"连弧纹铜镜。

二 纹饰分析

AM46 出土的变形四叶羽人纹铜镜（AM46：1）为半球形钮，圆钮座。钮座外为宝珠形变形四叶，向外呈放射状分布，将主纹饰区分为四区，两叶之间又有一乳凸将每个区分为两部分。四叶及四乳凸内各有椭圆形小圈一个。四叶之间饰羽人、神兽各两对，与它们相对的是一种抽象图案。四叶之外为内向十六连弧纹，其外为一周宽凹面圈带，素缘。直径 12.1 厘米（图 5-2、3）。

无论是传世还是考古发掘出土，变形四叶纹铜镜都是较为常见的铜镜类型。此类铜镜多为圆钮座或兽钮座，座外四蝙蝠形叶向外呈放射状，占据镜背中心位置，并将内区分成四区。四区内配置主体纹饰。目前发现的变形四叶纹铜镜类型有兽首镜、夔纹镜和八凤镜。从已经发现有纪年铭的铜镜资料，变形四叶纹铜镜最早出现于东汉和帝元兴元年（公元 105 年），主要流行于东汉晚期桓帝、

图 5-2　变形四叶羽人镜（AM46：1）拓本　　　　图 5-3　变形四叶羽人镜（AM46：1）

灵帝时期[1]。

AM46：1变形四叶羽人纹铜镜的纹饰不见于以前所见的变形四叶纹铜镜。此变形四叶羽人纹铜镜每两叶之间各有一组两个图案，共有四组（图5-4）。从形制特征看，A组纹饰和C组纹饰左侧各有一神兽，共同的特征是方形脸，大圆眼睛，身体似熊，身后有一长尾。不同的是，A组纹饰左侧神兽为正面形象；C组纹饰左侧神兽虽为侧身，但面部向前，一足前跨，一足后蹬，颇具动感。两组纹饰形象应相同（图5-4，A、C）。这种形象的怪兽虽然在铜镜纹饰中尚未出现过，但在画像石中却有不少，如在山东沂南县画像石墓前室北壁正中一段[2]、河南洛阳市卜千秋墓[3]、新密市打虎亭汉墓[4]和商丘市出土汉画像石[5]中均有发现。孙作云认为这类怪兽为方相氏[6]。张衡《冢赋》说："幽墓既美，鬼神既宁，降之以福，于以之平。如春之卉，如日之升"[7]。可见让鬼神安宁是汉代人的愿望。为使鬼神安宁，除把墓葬"建得很美"之外，另外一个重要的举措是打鬼，方相氏就是打鬼的头目。《周礼·夏官·方相氏》记载："方相氏掌蒙熊皮，黄金四目，玄衣朱裳，执戈扬盾，帅百隶而时难，以索室驱疫。及墓，入圹，以戈击四隅，驱方良"。郑玄曰："蒙，冒也。冒熊皮者，以惊驱疫疠之鬼，如今魌头也。时难，四时作方相氏以难却凶恶也"[8]。《后汉书·礼仪志》记载："先腊一日，大傩，谓之逐疫。其仪：选中黄门子弟年十岁以上，十二以下，百二十人为侲子。皆赤帻皂制，执大鼗。方相氏黄金四目，蒙熊皮，玄衣朱裳，执戈扬盾。十二兽有衣毛角。中黄门行之。冗从仆

[1]　孔祥星、刘一曼：《中国古代铜镜》，文物出版社，1984年，第91页。

[2]　曾昭燏等：《沂南古画像石墓发掘报告》，文化部文物管理局，1956年，图版33。

[3]　洛阳博物馆：《洛阳西汉卜千秋壁画墓发掘简报》，《文物》1977年第6期。

[4]　河南省文物研究所：《密县打虎亭汉墓》，文物出版社，1993年。

[5]　阎根齐等：《商丘汉画像石》，河南美术出版社，1991年。

[6]　孙作云：《评"沂南古画像石墓发掘报告"——兼论汉人的主要迷信思想》，《考古通讯》1957年第6期；《河南密县打虎亭东汉画像石墓雕像考释》，《河南大学学报（社会科学版）》1978年第1期；《洛阳西汉卜千秋墓壁画考释》，《文物》1977年第6期。

[7]　张衡：《冢赋》，严可均辑《全后汉文》卷五十四，中华书局，1958年，第770页。

[8]　《周礼注疏》卷第三十一，北京大学出版社，2000年，第971页。

图 5-4　变形四叶羽人镜（AM46∶1）纹饰分解图

射将之，以逐恶鬼于禁中"[1]。由文献记载可知方相氏在周代葬礼时驱赶方良，在宫廷里驱赶大傩。以后的各个朝代，方相氏就成了打鬼者的统称。每个朝代方相氏的形象略有差别，手内所执之物也随着时代和地区的不同而不同，并且由周代的宫廷礼节逐渐扩散到民间。孙作云认为"到了汉，这种民间迷信与民间跳舞得到了空前的发扬，因此，它表现于一切方面：在壁画上、画像石上、漆器、陶器上，凡画有蒙兽皮而人立的（即似兽而人立），并作腾跃、捉拿状的，皆'方相氏'——打鬼的狂夫"[2]。从这个思路出发，利用其他动物或蒙其他动物皮作方相士也是有可能的，如洛阳卜千秋墓中的方相氏就为猪的形象。毕竟平原地区的人看到熊的可能性较小，他们会利用比较熟悉的动物附会作神话中的形象。由文献记载并参照同时期的画像石资料，推断这件铜镜中 A 组和 C 组左侧纹饰的神兽应是方相氏。

　　B 组和 D 组纹饰左侧图案大致相同，均为身形较瘦、锥形发髻、侧身踞坐、身后有双翼，是秦汉魏晋时期常见的羽人形象。秦汉魏晋时期羽人的表现形式也是多种多样的。有单独的羽人形象，如陕西西安市南玉丰村出土的跪坐状铜羽人像，高 15.3 厘米，为两个大耳竖立，高出头顶，脑后梳锥形发髻，长脸，尖鼻，颧骨和眉骨均隆起，屈膝跪坐，身体前倾，臀部坐于脚后跟上，一对赤足露于衣服后，两手似拱方形器物，两膝盖间有一半圆形竖洞，底部有一小孔，似为固定所拱器物用[3]。相似的青铜羽人像在河南洛阳市洛阳机车厂东汉晚期墓葬 C5M346 也有出土，其手中捧一前方

[1]　《后汉书·礼仪志》，中华书局，1965年第一版，2018年第18次印刷，第3127页。

[2]　孙作云：《敦煌画中的神怪画》，《考古》1960年第6期。

[3]　西安市文物管理委员会：《西安市发现一批汉代铜器和铜羽人》，《文物》1966年第4期。

后圆的筒形器[1]。也有在器物上装饰羽人图案的，如广州南越王墓出土铜提桶上的羽人图像[2]。画像石上的羽人图像更是多见，主要有羽人升仙、羽人持物、羽人执仙草、羽人驾虎车、羽人骑鹿、羽人六博[3]、羽人与西王母等[4]。

两汉时期的铜镜上也有很多羽人图像，有羽人图像的铜镜类型主要有四乳四神镜、博局镜、多乳禽兽镜、龙虎镜和画像镜等。如《中国铜镜图典》中便收录有多件羽人四神禽兽镜[5]、羽人博局镜[6]和羽人龙虎镜[7]。上海博物馆藏四神羽人博局镜内区分为四方八区，四方八区内的配置分别为青龙配瑞兽、白虎配禽鸟、朱雀配羽人、玄武配蟾蜍，外区有隶书铭文"始建国天凤二年作好镜，常乐贵富庄君上，长保二亲及妻子，为吏高迁位公卿，世世封传于毋穷"。可知此镜制作的年代为王莽始建国天凤二年，即公元15年。这是有纪年的最早的此类型铜镜[8]。

以上分析可知，羽人形象使用的范围较广，不仅有单独的青铜羽人像，还广泛出现于画像石、壁画、铜镜上。虽然在铜镜上有很多羽人图案，但变形四叶纹类铜镜中还未见到有羽人图像，AM46：1铜镜是第一件有羽人图案的变形四叶纹铜镜。

方相氏形象出现的范围没有羽人那么广泛。方相氏通常与中国古代举行打鬼典礼（大傩）相关联。据孙传云研究，中国的大傩出现较早，商周时期就有相关记载，到了两汉时期，民间打鬼活动得以空前的发扬，如在汉代画像石、汉墓壁画上都见有方相氏的形象[9]。

AM46：1铜镜四组纹饰中，两组左侧图案基本可推断为羽人和方相氏，反映了汉代人羽化升仙思想和驱疫疠的观念。相对的右侧图案则较为抽象，很难与已知的某种形象相对应。但从细部特征看，也可大致分为两组：与B组和D组羽人相对者的共同特征是其身后都有一条长尾；与A组和C组方相氏相对者的身后似均有双翼。拖着长尾者与有双翼者是否各为方相氏和羽人的抽象形态也未为可知。据向学者请教，这种抽象图案可能是方相氏在驱鬼活动中所率领的"侲子"或"无毛角"[10]。在汉代驱鬼活动中，侲子扮演着重要的角色。《后汉书·礼仪志》记载："黄门令奏曰：'侲子备，请逐疫。'于是中黄门倡，侲子和，曰：'甲作食殃，胇胃食虎，雄伯食魅，腾简食不祥，揽诸食咎，伯奇食梦，强梁、祖明共食磔死寄生，委随食观，错断食巨，穷奇、腾根共食蛊。凡使十二神追恶凶。赫女躯，拉女干，节解女肉，抽女肺肠。女不急去，后者为粮'"[11]。当然也不排除与羽人和方相氏相对的四个抽象图案并无具体意义，仅作配图填空而已，这种现象在铜镜纹饰中也不少见。

[1] 洛阳市文物工作队：《洛阳发掘的四座东汉玉衣墓》，《考古与文物》1999年第1期。

[2] 广州市文物管理委员会等：《西汉南越王墓》七，文物出版社，1991年，第50页、第54页图三。

[3] 刘志远等：《四川汉代画像砖与汉代社会》，文物出版社，1983年。

[4] 中国画像石全集编辑委员会：《中国画像石全集1·山东汉画像石》，山东美术出版社、河南美术出版社，2000年，第77页。

[5] 孔祥星、刘一曼：《中国铜镜图典》，文物出版社，1992年，第250、253、254、257页。

[6] 孔祥星、刘一曼：《中国铜镜图典》，文物出版社，1992年，第265、268、269页。

[7] 孔祥星、刘一曼：《中国铜镜图典》，文物出版社，1992年，第331页。

[8] 孔祥星、刘一曼：《中国铜镜图典》，文物出版社，1992年，第265页。

[9] 孙作云：《敦煌画中的神怪画》，《考古》1960年第6期。

[10] 与西南大学历史文化学院鹏宇先生讨论这件变形四叶羽人纹铜镜时，鹏宇先生提出的观点。

[11] 《后汉书·礼仪志》，中华书局，1965年第一版，2018年第18次印刷，第3127页。

三　年代分析

这件变形四叶羽人纹铜镜出土于没有被盗掘的AM46内，虽然此墓没有出土有纪年的文字资料，但墓内出土遗物丰富，组合完整，对墓葬年代的断定也应是可靠的。下面分别从墓葬形制、出土遗物等与分期年代较为清楚的相关汉墓资料进行对比，以期对这件变形四叶羽人纹镜的年代进行初步的判断。

"1959年出版的《洛阳烧沟汉墓》（以下简称《烧沟》）公布了225座汉墓的发掘资料，运用类型学方法对墓葬形制、随葬品特点与组合进行了系统研究，将225座汉墓分为六期，并确定了各期的大致年代。自此以后，各地汉墓的分期与断代，多以《烧沟》的分期为标尺。中原地区汉代墓葬的分期与断代，可以在《烧沟》分期的基础上，以纪年墓葬和纪年事件为依据，参考钱币、铜镜等随葬品的分期与断代研究成果来进行"[1]。这一认识基本为学界的共识，也是对两汉墓葬进行分期断代的主要分析方法。

从墓葬形制看，AM46和洛阳烧沟汉墓第五型"前堂横列"墓的形制相近。此型墓无论有无后室，墓门之内均开成宽大的前堂，其横长均较进深为大，墓室与墓道垂直[2]。AM46有长斜坡墓道、前堂和后室的形制，与洛阳烧沟汉墓第五型的M1008、M1030相近。

从墓内出土遗物看，AM46：36釉陶壶与烧沟汉墓Ⅳ型陶壶（M1008：12）形制相近，AM46：29陶罐与烧沟汉墓Ⅲ①式（M146：16）、Ⅲ②式（M1008：34）陶罐形制相近，AM46：47陶灶和烧沟汉墓Ⅱ③式陶灶（M125：35）形制相近，AM46：33陶井和烧沟汉墓Ⅲ①式陶井（M146：29）形制相近。

除这件变形四叶羽人纹铜镜外，AM46还出土有2件八连弧纹铜镜（AM46：10、14）。两件均为半球形钮，四叶钮座，四叶均为扁桃形，四叶间各有一铭，为"长宜子孙"，八连弧内角各有一铭文，为"寿如金石，佳且好兮"。两件铜镜的直径分别为15.7、18.2厘米（图5-5）。从形制看，AM46：14铜镜和烧沟汉墓Ⅷ①式铜镜（M1029：3）形制相同，只是铭文略不同。内区四叶之间均为"长宜子孙"铭文，AM46：14铜镜外区铭文为右旋读"寿如金石，佳且好兮"，烧沟M1029：3铜镜外区为圆圈和草叶纹相间。"长宜子孙"连弧纹铜镜在烧沟汉墓出现于第五期，数量很少，至第六期时大量增加。变形四叶纹铜镜在烧沟汉墓第五期不见，是第六期新出现的铜镜类型。"变形四叶纹虽然起源的四叶式的钮座很早，但是发展成为'蝙蝠'形的阶段已到了东汉的后期，这种发展成熟的四叶纹镜中，传世铜镜铭中有永寿二年镜，这型镜的铸造时间应该是到了东汉桓帝前后的"[3]。AM46出土的2件连弧纹铜镜的时代也应大致相当于烧沟汉墓第六期，即东汉晚期。

AM46共出土钱币177枚，除极少数出土于两位墓主腿骨附近外，多数出土于墓主的手附近，主要有五铢钱175枚、货泉1枚、大泉五十1枚。五铢钱中有一些特型钱，主要有朱字上一横钱1枚、穿上一星钱1枚、朱字重影钱2枚、朱字竖极短钱1枚、外郭有密集砍痕钱1枚。五铢钱的"五"字和"铢"均和烧沟汉墓第Ⅳ型五铢钱的"五"字和"铢"字相似，时代也应该相同。烧沟汉墓第Ⅳ型五铢钱的年代为东汉中叶至东汉末年。

综合墓葬形制和出土遗物特点，AM46和烧沟汉墓第六期遗存的特点相近。墓葬形制为横前堂结

[1]　中国社会科学院考古研究所：《中国考古学·秦汉卷》，中国社会科学出版社，2010年，第394页。

[2]　中国科学院考古研究所：《洛阳烧沟汉墓》，科学出版社，1959年。

[3]　中国科学院考古研究所：《洛阳烧沟汉墓》，科学出版社，1959年，第238页。

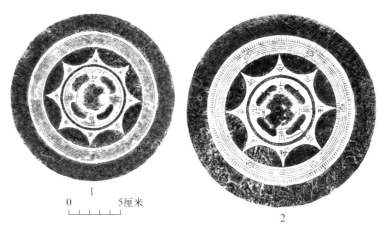

0　　5厘米

图 5-5　AM46 出土铜镜
1.AM46∶10　2.AM46∶14

构。陶器组合中不见有"礼器"性质的鼎和敦。变形四叶纹铜镜也是这一时期新出现的铜镜类型，"长宜子孙"铜镜流行。由此推断 AM46 的年代为东汉晚期，AM46 所出变形四叶羽人纹铜镜的年代也应大致在这一时期。

四　结语

中原地区发现的汉代墓葬数量众多，按墓主身份等级可分为帝陵、诸侯王墓、中下层官吏墓、普通平民墓和刑徒墓；按墓葬形制和构筑方法可分为竖穴土坑墓、土洞墓、砖室墓（包括空心砖墓和小砖墓）和大型画像石（或画像砖）墓；按埋葬方式可分为单人葬、夫妻合葬和家族合葬墓[1]。根据上述分类方式，辉县路固 AM46 属于夫妻合葬土洞墓，墓主人应为普通平民。但从出土绿釉陶器、包含六博骨骰在内的成套酒器、近二百枚钱币以及铜器和银饰品等来看，该墓墓主虽为平民，但家境较殷实。男性墓主人佩带长剑，应与两汉时期社会上流行的尚武时尚有关。这件变形四叶羽人纹铜镜表面打磨光滑，放置在男性墓主人的头侧，外面包裹有织物，应是男性墓主人生前日常生活所用的心爱之物。

到目前为止，全国各地出土的汉代铜镜数量众多，形制多样，纹饰亦各不相同，但仍时常出现以前不见的铜镜类型。变形四叶类铜镜最早出现于东汉和帝元兴年间，流行于桓帝和灵帝时期，常见变形四叶八凤纹镜、夔纹镜和兽首纹镜等，但羽人和方相氏同时出现在铜镜纹饰中，辉县路固 AM46 出土的这件变形四叶纹铜镜尚属首例。

辉县路固 AM46 没有发现被盗痕迹，墓内出土陶器组合为壶、罐、井、灶、圈、樽、耳杯、案和盘，是东汉时期常见的陶器组合。如此时代背景清楚、陶器组合关系完整的墓葬，为这件以前不见的铜镜的时代判断提供了重要的资料。这件变形四叶羽人纹铜镜的出土，为两汉时期铜镜增添了新的纹饰类型，为中国古代铜镜研究提供了新的标型器。

（原刊于《南方文物》2019 年第 1 期，本文有修改）

[1]　中国社会科学院考古研究所：《中国考古学·秦汉卷》，中国社会科学出版社，2010年，第393页。

陆　便携式 X 射线荧光光谱仪对路固墓地铜镜的表层成分分析

郭彦龙[*]

2006 ～ 2007 年发掘期间，路固汉墓共出土了 98 枚铜镜和 2 枚铅镜。2013 年 5 月，笔者使用便携式 X 射线荧光光谱仪（pXRF）[1]，定性和定量分析了该墓地 89 枚铜镜的合金成分（分析结果见表 6-1）。此次分析研究之目的有三：一是为发掘报告的内容添加更全面充分的数据，并为今后的研究工作提供数据库的积累；二是从路固铜镜的个案入手，与现有的汉代铜镜冶金研究展开对话，并试图拓展研究问题，提出新观点；三是检验新近的 pXRF 技术在铜镜研究上的应用，并检讨其特长与局限[2]。

自 1918 年日本化学家近重真澄的研究开始，一百年来国内外已累积了数十篇研究中国古铜镜成分的实验文章。据笔者统计，截至 2020 年年底至少已有 57 篇相关的中、日、英、德文文献发表（表 6-2），由此可见学界对这一问题有持续不断的兴趣。铜镜的合金成分为何如此引人注目？研究者想要依赖这些数据探求什么问题？都有哪些类型的分析化学方法和手段被利用过？前人分析的对象又有何特点？今后可能的分析技术发展趋势如何？下文将尝试对这些问题进行回答。

一　分析对象

分析对象是否考古发掘品，直接影响数据的可靠度。由于不能明判来源，收藏品往往存在辨伪的问题。[3]与之相比，拥有考古情境信息的发掘品则可信的多。汉墓的考古工作中，汉镜出土广泛，但汉代考古报告中鲜见针对铜镜的检测化验。本次研究共检测 89 枚铜镜，获得 237 个有效采集点，在规模上实属少见。从表 6-2 得知，从前的研究报告，样本数量大多在 20 件以下，而且分析对象大

---

[*]　郭彦龙：美国马萨诸塞州北安普敦市史密斯学院（Smith College, Northampton, MA, USA）。

[1]　便携式X射线荧光光谱仪的英文全称是"portable x-ray fluorescence spectrometry"，一般缩写为pXRF。

[2]　近期的类似尝试见Ellery Frahm and Roger C.P. Doonan, "The Technological Versus Methodological Revolution of Portable XRF in Archaeology," *Journal of Archaeological Science* 40.2 (2013): 1425-1434.

[3]　例如，美国考古学家斯考特（David Scott）曾分析过90枚新石器时期至辽代的铜镜，全部来自收藏家扣岑（Lloyd Costen）先生的铜镜收藏。斯考特认定其中九成为真，有疑问的占一成；Davisd Scott, "The Technical Analysis of Chinese Mirrors," in *The Lloyd Cotsen Study Collection of Chinese Bronze Mirrors, vol. II: Studies*, ed. Lothar von Falkenhausen (Los Angeles: Cotsen Occasional Press and UCLA Cotsen Institute of Archaeology Press, 2011), 198-233.

多跨越两个及两个以上的时代和地域。有时因材料所限，甚至难以判明地域来源。一般而言，样本量越大则越可能避免或者修正潜在的数据误差。[1]因此，路固墓地铜镜的分析，无论是为今后相关数据库的建立，还是大数据模式下进一步的比较研究，都会有所助益。

二　分析方法

为了实现大规模的定量分析，本次分析采用的是美国尼通公司（NITON）制造的型号为 XL 3t 950 的便携式 X 射线荧光光谱仪（pXRF）。XRF 技术主要分为两种，一是 EDXRF（能量色散 X 射线荧光光谱仪），一是 WDXRF（波长色散 X 射线荧光光谱仪）。本实验使用的仪器采用 EDXRF 技术，它可以对铜镜进行无损检测，速度快，每个测试点只需要几十秒即可完成。与一般实验室类型的 EDXRF 相比，pXRF 还方便携带，特别适宜田野考古的工作环境。

不过 XRF 并非分析金属成分的唯一技术手段。在 XRF 大规模应用于考古学研究之前，已经存在其他的分析化学方法。譬如经典的湿化学法，是 20 世纪上半期中国铜镜分析研究的主要方法。湿化学法的精度相当不错，然而其缺点也显而易见，主要是"取样量多，操作麻烦，过程较长"。[2]因此，在科技考古领域，传统的湿化学法基本已被各式仪器设备所取代。

应用于铜镜合金成分研究的仪器分析，目前有七、八种之多，根据其样品制备的方式，大致可分为干、湿法两类。首先是按湿化学法取样、配置溶液的方法，即原子吸收光谱（AAS）技术和电感耦合等离子体（ICP）技术。这两种技术都遵从原子光谱的基本原理。[3]简言之，该原理是基于物质和电磁辐射相互作用的方法。不同元素原子中的电子会发射和吸收不同波长的电磁波，因此每一个原子相当于拥有一个独特的"指纹"，为元素的定性研究提供可能；而定量研究则可以通过测量电磁辐射波长的强度来实现。

AAS 技术的具体方式可分为两种：一是石墨炉式原子吸收光谱（GFAAS），二是火焰式原子吸收光谱（Flame AAS）。利用 AAS 分析铜镜合金成分的研究中，除《汉代日光镜中金属元素的分析》一文声明所用方法为火焰式原子吸收光谱外，其余文章皆未标明。AAS 分析检测的速度很快，一种元素一般只需要 10 ～ 30 秒左右（石墨炉式的需要 2 ～ 3 分钟），而且其检测范围覆盖 70 余种元素。但在一般情况下，一次只能检测一种元素，检出限在 0.1ppm 到 1ppb 左右（石墨炉式的检出限可达到 0.1 ～ 0.001ppb）。[4]

20 世纪 80 年代以后，快速精确又可同时检测多种元素的新技术——电感耦合等离子体（ICP）技术诞生。这一技术是目前分析化学领域常用的先进方法，检出限可达到 ppt 级，比 AAS 技术更进一步。其应用主要有两种方式，一是电感耦合等离子体质谱仪（ICP-MS），二是电感耦合等离子体（ICP-AES）。

---

[1]　关于样本量和考古研究的关系，本文无法展开，相关研究参见 Clive Orton, *Sampling in Archaeology* (Cambridge, U.K.: Cambridge University Press, 2000).

[2]　路迪民、王大业：《中国古代冶金与金属文物》，陕西科学技术出版社，1998年，第23页。

[3]　关于该原理的详细介绍，参见 A. M. Pollard, *Analytical Chemistry in Archaeology* (Cambridge: Cambridge University Press, 2007), 48–57.

[4]　关于该原理的详细介绍，参见 A. M. Pollard, *Analytical Chemistry in Archaeology* (Cambridge: Cambridge University Press, 2007), 60.

ICP-MS 除了能测定一般元素的含量，还可测定同位素。[1] 已有学者运用 ICP 技术分析中国古代青铜器的成分以及临淄出土的汉镜镜范，[2] 但目前仍未见到利用该技术分析铜镜成分的研究。有学者指出，ICP-MS 的精度最高，ICP-AES 和 GFAAS 差不多，次之；flame AAS 再次之。[3] 与传统的湿化学法类似，AAS 和 ICP 亦属于有损分析过要消耗数百毫克样品的湿化学法相比，后者更接近于微损，其取样量"由化学分析的 mL\mg 级降低到仪器分析的 μL、μg 级，甚至更低。"[4]

还有一些铜镜合金成分的研究技术采用干化学法的样品制备方式，其中包括中子活化分析（NAA）、俄歇电子能谱（AES）、XRF 以及扫描电子显微镜（SEM；一般是结合 EDS 或 EPMA）。SEM 的技术应用最多，XRF 次之，AES 和 NAA 再次之。以上这些技术均可实现微损乃至无损的分析。NAA 被认为是精度很高的技术，和 ICP-MS 相当，在过去的考古学上也应用得很久、很广。[5] 但由于当下寻找提供中子源的核反应堆越来越困难，有些学者认为 NAA 是快要过时的技术。[6] 相比之下，AES、XRF 和 SEM 在定量分析上的精确度和敏感度稍差一筹。[7] 需要指出的是，虽然 SEM 结合 EDS 的成分分析在原理上和 XRF 分析基本一致，但是由于前者采用高真空的检测室，并对样品进行专门制备，因此分析结果精确性更高，对较轻的元素检出能力更强，而且还可以绘制二维的化学地图。

和现有其他技术相比，XRF 技术在微量元素的定量分析上不够准确，只能做定性的分析。[8] 此外，不少学者都对 pXRF 技术针对主量元素进行定量研究的能力持保留态度。不过最近发表的几篇实验论文则呈现出令人乐观的结论。其中一篇针对亚美尼亚黑曜石的研究，通过比较 NAA、XRF、EMPA 和 LA-ICP-MS 这几种分析化学技术对同一批样品的测试，考察 pXRF 的精确度与可重复性。作者认

[1] 吴小红、崔剑锋、杨颖亮：《ICP-MS在考古学中的应用》，《电感耦合等离子体质谱技术与应用》，化学工业出版社，2005年，第240~252页。

[2] 刘煜、何毓灵、徐广德：《殷墟花园庄54号墓出土青铜器的成分分析与研究》，《新时代的考古学：纪念王仲殊先生八十诞辰论文集》，科学出版社，2005年，第1027~1036页。刘煜、赵志军、白云翔、张光明：《山东临淄齐国故城汉代镜范的科学分析》，《山东临淄齐国故城汉代镜范的考古学研究》，科学出版社，2007年，第339页。

[3] Pollard, *Analytical Chemistry in Archaeology*, 60.

[4] 赵春燕：《现代分析化学技术在古代青铜器研究中应用的回顾》，《文物科技研究》（第一辑），科学出版社，2004年，第31页。

[5] Michael D. Glascock and Hector Neff, "Neutron Activation Analysis and Provenance Research in Archaeology," *Measurement Science and Technology* 14 (2003): 1516; A. M. Pollard and Carl Heron, *Archaeological Chemistry* (Cambridge: Royal Society of Chemistry, 1996), 60.

[6] 李京华：《冶金考古》，文物出版社，2007年，第224页。

[7] 路迪民和王大业认为XRF技术的分析精确度在1%~10%左右（《中国古代冶金与金属文物》，陕西科学技术出版社，1998年，第24页）；Pollard和Bray在最近发表的文章中也认为，XRF分析结果的数值在1%以下的部分应视为无效（A. Mark Pollard and Peter Bray, "Chemical and Isotopic Studies of Ancient Metals," in *Archaeometallurgy in Global Perspective: Methods and Syntheses* (New York: Springer, 2014): 220）；不少学者质疑XRF定量分析的精确度，但是以严谨的实验数据比对XRF和其他技术的研究很少见，相关中文文献可参考张日清、曲长芝：《同位素X射线荧光法对珍稀文物的无损分析》，《考古学集刊·2》，中国社会科学出版社，1982年，第198页；英文文献可见Michael D. Glascock, "Comparison and Contrast Between XRF and NAA: Used for Characterization of Obsidian Sources in Central Mexico," in *X-Ray Fluorescence Spectrometry (XRF) in Geoarchaeology*, ed. M. Steven Shackley (New York: Springer, 2011), 161-192.

[8] Scott, "The Technical Analysis of Chinese Mirrors," 200.

为，pXRF足够应对黑曜石的定量研究，其分析结果准确，其数据亦可用来比较其他技术的分析结果。[1] 当然，该文章的研究对象是黑曜石，其结论并不能简单照搬于青铜器。笔者也很期待未来在东亚古铜镜研究领域能有类似设计严谨的实证比较研究，来论证pXRF的精确度与可重复性。

上述技术为考古学家提供了定量、定性以及半定量分析铜镜合金成分的手段。[2] 在古代金属的分析上，其实没有什么最"好"的技术，只有最"合适"的技术。[3] 换句话说，技术的选择要参考研究情境。在做任何分析之前，我们首先要考虑期待获得什么信息，回答什么问题。其次，还要考量样品的状态以及研究条件的制约，譬如样品的材质（金属器、陶器、石器）、尺寸、样品需要量、保存需求（无损、微损、有损）以及精密度、准确度和敏感度、待检测的元素种类（单一元素、微量元素、同位素）等等。[4] 即使是同样的仪器或技术，样品状况的不同也会影响检测结果。另外，时间成本和经济成本也是影响我们选择分析手段的重要一环。当然，随着科学技术的发展，分析化学的技术手段也会不断革新。一些新近出现的精度很高的微损分析技术，譬如激光剥蚀等离子体耦合质谱（LA-ICP-MS），或许在不久的将来可以应用到铜镜的成分分析上。

据社会考古学的看法，技术的选择受到了信念、社会结构和传统的影响。[5] 虽是针对古代社会而论，这一理论对当下的学术研究也很有启发。譬如，对精确度的极致追求，是现代自然科学研究的公认目标。受到这个信念的影响，考古学者也渴望采用最"精密"的技术来获取最"精确"的数据。然而，若我们只是打算得到定性分析的结果，就没有必要采用精确的量化研究技术。此外，不同的方法测出元素的范围也不同。有些仪器能检出的比较多，另一些则比较少；但若我们的研究问题只关心铜、锡、铅三元合金的话，该技术对其他元素的检出能力就显得无关紧要。近年来，越来越多的铜镜分析开始采用无损或微损的技术，这一变化也反映出学术界提倡最大限度保护和保留考古证据的思维。

路固铜镜的检测，全部在中国社会科学院考古研究所安阳工作站进行，采用pXRF技术，因而不会因测试对样本造成任何破坏或污染。虽然存在精度更高的微损技术，但这类技术需要将样品运送至专门的实验室，而本研究的分析对象不能搬移安阳工作站，也不能取样，因此pXRF成为当时唯一可行的技术。

---

[1]   Aaron N. Shugar, "Portable X-ray Fluorescence and Archaeology: Limitations of the Instrument and Suggested Methods to Achieve Desired Results," *Archaeological chemistry VIII* (2013): 173-193. 类似的比较研究和结论还出现在另一篇文章中：Patrick Ryan Williams, Laure Dussubieux, and Donna J. Nash, "Provenance of Peruvian Wari Obsidian: Comparing INAA, LA-ICP-MS, and Portable XRF," in *Obsidian and Ancient Manufactured Glasses*, ed. Ioannis Liritzis and Christopher M. Stevenson (Albuquerque: University of New Mexico Press, 2012): 84.

[2]   "定性"，即指出是否含有某种元素；"定量"，即提供较为精确的数字，量化所含元素；"半定量"，即一种不太精确的定量分析，譬如用"主要的""次要的""微量的"词语描述归类元素成分。

[3]   参见NAA和XRF技术的比较：Michael D. Glascock, "Comparison and Contrast Between XRF and NAA: Used for Characterization of Obsidian Sources in Central Mexico," *X-ray Fluorescence Spectrometry (XRF) in Geoarchaeology*, ed. M. Steven Shackley (New York, Springer, 2011): 161-192.

[4]   受仪器检出限的限制，XRF技术对痕量元素的检测也无能为力（这时就体现出ICP等技术的优越性）。

[5]   David Killick, "Social Constructionist Approaches to the Study of Technology," *World Archaeology* 36 (2004): 571-578.

三　分析结果

本次分析采用的仪器，装配 50kV、200μA 的 X 射线管，以及能量分辨率为 165eV 的高性能硅漂移（SDD）探测器，其检测窗口直径 8 毫米。X 射线的照射直径为 3 毫米，所用靶材是银（Ag），标准分析范围包含从 Mg 到 U 之间的 43 种化学成分，检出限保守估计约为 0.1%。[1] 该设备配置摄像头，可供测试者观察、定位和记录样品测试点。本次测试在金属模式下进行，每个检测点所花的测试时间在 30 秒左右。就检测点的选择而言，原则上尽量选取未锈蚀的金属表面。部分铜镜的镜面保存较好，文物保护处理的除锈过程中，一些金属表面也露了出来。本次测试，每一件铜镜选取 1～3 个检测点，打点时尽量选择露出基体的表面，并且在数码照片上记录其位置（图 6-1）。

路固墓地发掘的所有铜镜，经 XRF 测试，都属于典型的铜锡铅（Cu-Sn-Pb）三元合金（图 6-2）。其中，铜含量从 29.9% 到 85.8%，平均值 63.1%，中位数 64.2%；锡含量从 9.9% 到 59.5%，平均值 30.4%，中位数 29.6%；铅含量从 1.9% 到 17.2%，平均值 4.5%，中位数 4%。除了以上三种主要元素，路固铜镜中还发现几种微量元素（含量均低于 1%），包括砷、铁和锑。由于 pXRF 设备自身的技术限制，难以检测到诸如氯、氧、碳之类的轻元素。同时，金属模式下的 pXRF 无法检测出非金属元素，如硅。

图 6-1　路固墓地铜镜 AM10：18 正反面的检测点

---

[1]　检出限取决于检测时间、待检测的物质和元素类别和统计信度等等因素。目前对于这一型号分析仪器的检出限，还缺乏充分的文献论证。"0.1%"是较为保守、稳妥的说法。参见 Andreas Charalambous, Vasiliki Kassianidou, and George Papasavvas, "A Compositional Study of Cypriot Bronzes Dating to The Early Iron Age Using Portable X-Ray Fluorescence Spectrometry (pXRF)," *Journal of Archaeological Science* 46 (2014): 205-216.

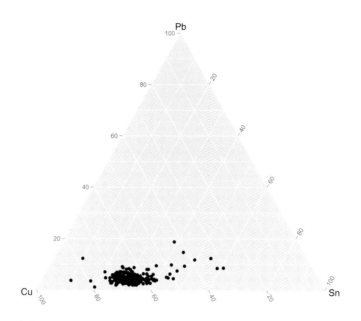

图 6-2　路固墓地铜镜三元合金成分的三角坐标统计图

四　讨论

考古发现的铜合金一般可分成六类：1. 纯铜；2. 含少量杂质的铜；3. 砷铜；4. 富含砷、锑、银的黝铜；5. 镍、砷为主要杂质的铜；6. 铜锡合金。路固发掘的铜镜属于铜锡合金的一种，即铅锡青铜。[1] 铜锡铅三元合金是古代中国铜镜的典型合金，出现时间很早。如新疆哈密出土的相当于商周时期的铜镜，内含 22%～23% 的锡。[2] 陕西汉中发现的商代铜镜，锡含量也在 18% 左右。[3]

为了使铜镜表面达到清白光亮、易于映照的效果，中国古代的铸镜工匠们在铜液中成比例添加了锡。这一经验性认识在东汉学者郑玄（127～200 年）注《考工记·六齐》时已经表达得很清楚。[4] 关于锡的添加与镜的清白之关系，汉镜铭文亦有大量佐证。[5] 汉镜这种高锡低铅的金属配比是汉代工匠的有意识选择，和同时期铸造其他铜器的冶金配方有显著不同。研究显示，青铜容器的平均铅含

---

[1]　铅锡青铜以外还有锌锡青铜、镍锡青铜。锡青铜本身也有所谓高锡和低锡（低于17%）之分别。见David Scott, *Copper and Bronze in Art: Corrosion, Colorants, Conservation*, (Los Angeles: Getty Conservation Institute, 2002), 400-401; *Metallography and Microstructure of Ancient and Historic Metals* (Marina del Rey, CA: Getty Conservation Institute in association with Archetype Books, 1991), 25.

[2]　Mei Jianjun, *Copper and Bronze Metallurgy in Late Prehistoric Xinjiang: Its Cultural Context and Relationship with Neighboring Regions* (Oxford: Archaeopress, 2000), 35.

[3]　Mei Jianjun, Chen Kunlong and Cao Wei, "Scientific Examination of Shang-dynasty Bronzes from Hanzhong, Shaanxi Province, China," *Journal of Archaeological Science* 36.9 (2009): 1881-1891.

[4]　郑玄："凡金多锡则忍白且明也。"转引自何堂坤：《我国古镜化学成分的初步研究》，《科技史文集》第15辑，上海科技出版社，1989年，第97页。

[5]　Guo Yanlong, "The Aesthetic of Brightness in Han Mirror Inscriptions," *Journal of the American Oriental Society* 141.1(2021): 93-124.

量明显高于汉代铜镜，锡含量则明显低于铜镜。[1]

　　需要注意的是，本次检测的路固汉镜含铜量为 63%，锡含量则高达 30.5%。这一数据与此前的一些数据相比，有所出入，铜含量偏低而锡含量偏高。[2] 我们如何解释这一现象呢？既有的研究表明，铜镜的合金成分存在"表里不一"的现象，即镜表层的数据与镜体不等同的情况。[3] 出土铜镜长期深埋地下，其表面会产生铜元素流失、锡元素富集的现象，甚至可能导致与镜体成分之间显著的差异。由于 XRF 测试的是铜镜表层的合金成分，数据中的锡含量偏高也就不足为奇了。但是，表层和镜体测得的成分差异到底有多大，目前还没有统一的看法。蔡斯（Chase）和富兰克林（Franklin）认为，铜镜的合金成分，从镜体到镜表，铜含量由 70% ～ 75% 降至 40%，锡则由 25% 升至 40% 之多。[4] 将路固铜镜表层无损分析的结果和湿化学法镜体有损分析的结果做对比，又可得出不同结论。根据近重真澄利用湿化学法的研究，汉代铜镜成分平均值是铜 67%、锡 27%、铅 6%；[5] 小松茂和山内淑人的研究亦显示汉镜成分的平均值为铜 66.6%，锡 24.7%，铅 5.1%。[6] 这些数据与本文的分析结果虽有差异，但已不显著。通过比较发现，路固铜镜的锡含量高出日本学者采用湿化学法所得数据的 12% ～ 20%。

　　相较铜、锡而言，铅元素相对稳定得多。路固铜镜合金中的铅，显然是汉代工匠故意添加的，为的是增加青铜溶液的流动性和稳定性，降低熔点。然而，加铅太多会降低合金的硬度，汉代铸镜工匠一定已经知晓这个道理，因此会在实际铸造中严格控制添加铅的比例。

　　铜、锡、铅这三种主要元素之外，路固铜镜的 XRF 检测还发现了微量的铁、砷和锑元素。实际上，早在 20 世纪上半期的研究就已经在中国古铜镜中发现过微量元素。[7] 路固铜镜中发现的这些微量元素，其出现原因有以下几种可能：

　　一、采用共生矿矿石冶炼而成。铁、砷、锑等都有可能存在于铜、锡矿石中。在熔炼纯铜的过程中，

　　[1]　金锐等在 2013 年发表的一篇有关东汉铜容器的成分分析指出，8 件东汉青铜容器的含锡量在 4% ～ 15.5% 之间，平均值为 10.42%；含铅量 4% ～ 18% 之间，平均 11.71%；含铜量 68.12% ～ 87.08%，平均值为 77.75%。金锐、罗武干、王昌燧：《湖北郧县乔家院墓地出土战国及东汉铜器的成分与金相分析》，《文物保护与考古科学》2013 年第 2 期，第 7 ～ 14 页。杨菊、李延祥利用 SEM-EDS 的方法对北京延庆西屯汉墓出土的汉代铜容器研究则指出，6 件容器的锡含量平均 3.28%，铅含量6.98%。杨菊、李延祥：《北京延庆西屯墓地出土汉代铜器的科学分析》，《中国文物科学研究》2012 年第 3 期，第 79 页。

　　[2]　孙淑云和李延祥曾指出"绝大多数汉代铜镜的锡含量稳定在 21% ～ 26%……铅含量分布在 1% ～ 7% 之间。"孙淑云、李延祥：《中国古代冶金技术专论》，中国科学文化出版社，2003 年，第 201 页。

　　[3]　徐力、王昌燧、王胜君、吴自勤：《汉镜组织和成分研究》，《电子显微学报》1987 年第 4 期，第 32 页。范崇正等：《黑漆古青铜镜的结构成分剖析及表面层形成过程的探讨》，《中国科学（B 辑 化学、生命科学、地学）》1994 年第 24 卷第 1 期，第 29 ～ 34 页。李虎侯、李道伦、韩俊英：《铜镜成分的研究——X 射线荧光分析铜镜表面成分》，《考古学集刊·5》，中国社会科学出版社，1987 年，第 344 ～ 349 页。有学者指出，一般金属器物的表面和物体的成分都不完全等同；见 Ernst Pernicka, "Provenance Determination of Archaeological Metal Objects," in *Archaeometallurgy in Global Perspective*, 242 & 245; Pollard and Bray, "Chemical and Isotopic Studies of Ancient Metals," 225.

　　[4]　W. T. Chase & Ursula M. Franklin, "Early Chinese Black Mirrors and Pattern-Etched Weapons," *Ars Orientalis* 11(1979): 226.

　　[5]　Masumi Chikashige, *Oriental Alchemy* (New York: S. Weiser, 1974), 76.

　　[6]　数据引自梁上椿：《严窟藏镜》第二集，第 2、3 页。

　　[7]　譬如，近重真澄发现古铜镜中含有亚铅（锌）、铁、锑、砒素（砷）、镍的存在；近重真澄：《東洋古銅器の化學的研究》，《史林》1918 年第 3 卷第 2 期，第 178 ～ 211 页。

硫、铁、砷会依次减少，但是基本不会影响银、镍和锑的成分。[1]

二、和周围埋藏环境发生的锈蚀化学反应。形形色色的金属和非金属元素以土壤为媒介，发生离子交换，在加速一些金属成分如镍、钴、铅和锌的溶解同时也产生砷、锑等氧化物。[2]

三、有意添加。这主要是针对砷元素而言。因为砷被认为能"改善含氧铜的加工性能，提高其塑性"效果或能脱除铜中的部分氧元素；[3] 添加砷超过 2% 以上，则可以增加合金的延展性和硬度。[4] 不过路固铜镜的砷含量远达不到这样的程度。

与主量元素相比，微量元素对原料产地的研究可能更有帮助，因为临近地区环境中的矿石会享有类似的微量元素模式。[5] 当然，这类比较研究需要充足数据库（对铜矿矿石的成分分析）的支撑，同时还要建立铜矿石和铸造成品之间的联系。[6] 加纳（Garner）曾提议用微量元素的线索寻找中国青铜器原料产地的可能，[7] 不过目前的铜镜研究尚未展开类似的探索。此外，铅同位素比值技术亦可帮助我们进行原料产地的研究。若能对汉代的矿石和熔渣有详细的同位素分析研究，就有可能绘制出一幅当时的铅同位素地图。[8]

pXRF 技术在铜镜成分的检测上优势明显，非常适合大量样品的快速检测，积累大规模的数据，对探索与年代、地域或者风格相关的合金构成模式可能更有帮助。在难以实现对文物有损甚或微损检测的情况下，pXRF 提供了一种两全之策。另外，pXRF 方便携带至田野或博物馆工作。和其他更精密的分析化学技术（如 NAA、ICP 等等）相比，pXRF 在检出元素数量、检出限方面仍存局限。理想状态下，若能在田野发掘或者室内整理阶段首先利用 pXRF 技术进行初步调查筛选，之后再选送样本做精度更高的实验室检测，则最好不过。总而言之，XRF 作为铜镜分析的新兴手段，可以为学者打开一扇方便之窗，从物质的微观内在去窥探文化的宏观图景。

[1]　John Merkel, "Summary of Experimental Results for Late Bronze Age Copper Smelting and Refining," *MASCA journal* 2.6 (1983): 173-179. Pernicka, "Provenance Determination of Archaeological Metal Objects," 254.

[2]　Scott, *Copper and Bronze in Art*, 38.

[3]　何堂坤：《中国古代铜镜的技术研究》，第84页；D. Hanson and B.C. Marryat, "Investigation of the Effects of Impurities on Copper," *Journal of the Institute of Metals* 37(1927): 121-168；转引自潜伟、孙淑云、韩汝玢：《古代砷铜研究综述》，《文物保护与考古科学》2000年第2期，第45页。

[4]　A. Hauptmann, "The Early Metallurgy of Copper. Evidence fom Faynan, Jordan," in *Natural Science in Archaeology*, ed. G. A. Wagner and B. Herrmann (Springer: Heidelberg, 2007), 270.

[5]　Pernicka, "Provenance Determination of Archaeological Metal Objects," 240 &250.

[6]　Pollard and Bray, "Chemical and Isotopic Studies of Ancient Metals," 230.

[7]　Harry Garner, "The Compositions of Chinese Bronzes," *Oriental Art* 6.4(1960): 130.

[8]　崔剑锋等：《山东临淄齐国故城遗址出土西汉铜镜的铅同位素比值分析》，《考古》2009年第4期，第85～89页；Y. Z. Zhangsun et al., "Lead Isotope Analyses Revealed the Key Role of Chang'an in the Mirror Production and Distribution Network During the Han Dynasty," *Archaeometry* 59.4 (2017): 685-713.

表 6-1　路固墓地铜镜化学成分 XRF 表层分析数据

测试点序号	Cu（铜）	Sn（锡）	Pb（铅）	As（砷）	Fe（铁）	Sb（锑）
06HLAM2_1_U1	63.628	28.197	6.567	<LOD	0.2	0.333
06HLAM2_1_D1	64.149	27.477	6.69	<LOD	0.239	0.369
06HLAM2_1_D2	63.892	28.408	6.012	<LOD	0.09	0.419
06HLAM7_1_U1	62.271	28.459	7.733	<LOD	0.106	0.353
06HLAM7_1_U2	66.194	29.245	2.55	0.365	0.361	0.319
06HLAM7_1_D1	62.887	31.593	2.521	0.374	0.166	0.392
06HLAM10_18_U1	64.406	31.311	2.553	<LOD	0.182	0.327
06HLAM10_18_U2	63.054	32.123	2.708	0.262	0.163	0.35
06HLAM10_18_D1	60.805	33.994	3.149	<LOD	0.262	0.361
06HLAM10_21_U1	66.756	28.148	3.434	<LOD	0.246	0.263
06HLAM10_21_D1	65.991	28.916	3.506	<LOD	0.169	0.254
06HLAM10_21_D2	65.808	28.681	3.949	<LOD	0.179	0.248
06HLAM17_22_U1	64.11	31.355	2.782	<LOD	0.08	0.361
06HLAM17_22_U2	63.944	31.189	3.372	<LOD	0.082	0.391
06HLAM17_22_D1	63.542	31.897	3.048	<LOD	<LOD	0.345
06HLAM18_1_U1	66.689	26.241	5.425	<LOD	0.161	0.38
06HLAM18_1_U2	64.099	30.281	3.36	0.333	0.181	0.431
06HLAM18_1_U3	64.634	29.868	3.205	0.36	0.253	0.429
06HLAM18_1_D1	63.584	31.191	3.115	0.323	0.195	0.468
06HLAM21_23_D1	62.477	32.254	3.229	<LOD	0.199	0.361
06HLAM21_23_D2	63.9	30.345	3.795	<LOD	0.262	0.335
06HLAM21_23_D3	62.934	29.462	5.898	<LOD	0.263	0.308
06HLAM22_3_U1	38.852	35.324	17.162	1.863	2.839	2.818
06HLAM22_3_D1	59.901	28.49	6.696	1.353	0.068	2.116
06HLAM22_3_D2	55.857	32.119	5.919	1.908	0.155	2.414
06HLAM22_5_U1	65.83	27.091	5.363	<LOD	0.162	0.434
06HLAM22_5_U2	63.261	30.258	4.019	0.439	0.276	0.495
06HLAM22_5_D1	61.658	31.302	4.628	0.493	0.138	0.505
06HLAM26_1_D1	65.111	26.625	6.897	<LOD	0.264	0.26
06HLAM28_2_U1	55.08	39.173	3.762	<LOD	0.189	0.521
06HLAM28_2_U2	55.682	38.144	4.084	<LOD	0.167	0.513
06HLAM28_2_D1	58.455	35.549	3.322	0.383	0.578	0.432
06HLAM32_1_U1	60.173	33.053	4.438	0.385	0.291	0.328
06HLAM32_1_U2	61.814	33.199	2.943	<LOD	0.109	0.298

测试点序号	Cu（铜）	Sn（锡）	Pb（铅）	As（砷）	Fe（铁）	Sb（锑）
06HLAM32_1_D1	64.058	31.758	2.59	<LOD	0.177	0.298
06HLAM34_5_U1	71.569	23.616	3.558	<LOD	0.113	0.191
06HLAM34_5_U2	69.79	25.146	3.812	<LOD	0.081	0.244
06HLAM34_5_D1	66.276	28.01	3.968	<LOD	0.234	0.273
06HLAM36_6_U1	69.145	25.087	4.291	<LOD	0.095	0.444
06HLAM36_6_U2	56.026	37.88	3.77	0.366	0.075	0.597
06HLAM36_6_D1	66.207	29.088	2.683	0.242	0.083	0.47
06HLAM38_1_U1	69.102	25.117	4.049	<LOD	0.109	0.386
06HLAM38_1_U2	68.779	24.237	5.339	<LOD	0.12	0.403
06HLAM38_1_U3	69.501	23.657	5.112	<LOD	0.122	0.401
06HLAM38_1_D1	67.081	26.691	4.054	<LOD	0.112	0.463
06HLAM39_3_U1	58.273	35.542	4.107	0.404	0.375	0.296
06HLAM39_3_U2	68.205	26.858	3.718	<LOD	0.271	0.213
06HLAM39_3_D1	66.038	29.572	2.979	<LOD	0.176	0.205
06HLAM40_2_U1	68.533	24.456	5.524	<LOD	0.091	0.311
06HLAM40_2_U2	68.144	24.58	5.744	<LOD	0.125	0.309
06HLAM40_2_D1	59.715	33.706	3.31	0.661	0.822	0.448
06HLAM40_6_D1	58.834	35.398	3.764	<LOD	0.066	0.449
06HLAM40_6_D2	65.994	25.064	6.95	<LOD	0.647	0.351
06HLAM45_1_U1	68.009	27.526	3.053	<LOD	0.06	0.409
06HLAM45_1_U2	67.038	28.006	3.411	<LOD	0.068	0.408
06HLAM45_1_U3	65.565	30.697	1.94	<LOD	0.102	0.465
06HLAM45_1_D1	68.875	25.744	3.892	<LOD	0.123	0.378
06HLAM45_11_U1	42.617	45.907	9.089	0.733	0.574	0.13
06HLAM45_11_U2	40.411	42.869	14.315	1.264	0.405	0.117
06HLAM45_11_U3	58.329	35.516	4.361	0.331	0.366	0.081
06HLAM46_1_U1	61.149	31.698	5.143	0.468	0.23	0.28
06HLAM46_1_U2	63.184	30.607	4.268	0.35	0.217	0.306
06HLAM46_1_D1	60.748	31.746	5.774	<LOD	0.241	0.316
06HLAM46_10_U1	69.627	25.149	3.774	<LOD	0.099	0.338
06HLAM46_10_U2	69.653	26.102	2.817	<LOD	0.152	0.334
06HLAM46_10_D1	65.505	28.646	4.038	<LOD	0.179	0.353
06HLAM46_14_U1	69.925	25.088	3.724	<LOD	0.101	0.24
06HLAM46_14_D1	65.208	30.22	2.923	<LOD	0.113	0.306

测试点序号	Cu（铜）	Sn（锡）	Pb（铅）	As（砷）	Fe（铁）	Sb（锑）
06HLAM46_14_D2	67.519	27.523	3.532	<LOD	0.15	0.265
06HLAM47_2_U1	65.63	26.533	6.765	<LOD	0.103	0.129
06HLAM47_2_D1	67.105	26.603	5.324	<LOD	0.165	0.146
06HLAM47_2_D2	85.833	10.101	3.662	<LOD	0.037	<LOD
07HLAM54_1_U1	62.286	32.807	2.739	0.508	0.107	0.348
07HLAM54_1_U2	61.585	33.414	2.674	0.564	0.086	0.347
07HLAM54_1_D1	61.05	33.47	3.349	0.554	0.148	0.362
07HLAM57_27_U1	56.533	34.331	6.043	0.714	0.556	0.528
07HLAM57_27_U2	60.303	31.692	4.984	0.52	0.736	0.531
07HLAM57_27_D1	59.531	34.962	2.343	0.631	0.731	0.542
07HLAM59_2_U1	62.036	27.386	8.062	<LOD	1.483	0.146
07HLAM59_2_D1	55.004	36.873	5.891	<LOD	0.634	0.202
07HLAM59_2_D2	54.586	33.656	7.684	<LOD	2.207	0.256
07HLAM61_1_U1	31.088	51.35	11.577	2.629	0.55	1.293
07HLAM61_1_U2	36.791	46.848	11.132	2.149	0.514	1.087
07HLAM61_1_D1	59.434	32.7	4.673	0.525	0.426	0.727
07HLAM63_1_D2	65.41	29.184	3.727	<LOD	0.194	0.334
07HLAM63_1_D3	65.261	28.523	4.507	<LOD	0.191	0.321
07HLAM63_3_U1	64.534	25.061	8.917	<LOD	0.068	0.4
07HLAM63_3_U2	64.429	25.448	8.492	<LOD	0.098	0.402
07HLAM63_3_D1	52.122	36.15	9.207	0.577	0.113	0.531
07HLAM67_5_U1	68.726	25.114	4.218	<LOD	0.389	<LOD
07HLAM67_5_D1	65.046	25.408	6.832	<LOD	0.863	<LOD
07HLAM67_5_D2	62.351	29.71	5.198	<LOD	1.131	<LOD
07HLAM70_1_U1	63.298	32.612	1.927	0.427	0.236	0.38
07HLAM70_1_U2	64.32	29.104	4.788	0.365	0.099	0.374
07HLAM70_1_U3	58.692	36.358	2.479	0.487	0.179	0.491
07HLAM70_31_U1	65.571	30.182	2.383	<LOD	0.126	0.306
07HLAM70_31_U2	68.847	26.776	3.067	<LOD	0.064	0.28
07HLAM70_31_D1	67.82	27.44	3.294	<LOD	0.108	0.251
07HLAM71_1_D1	76.967	9.932	12.14	<LOD	0.282	0.062
07HLAM62_48_E1	67.921	24.123	6.357	<LOD	0.09	0.184
07HLAM62_48_E2	65.852	27.057	5.972	<LOD	0.085	0.229
07HLAM62_48_E3	67.952	24.459	6.798	<LOD	0.287	<LOD

测试点序号	Cu（铜）	Sn（锡）	Pb（铅）	As（砷）	Fe（铁）	Sb（锑）
07HLAM76_1_D1	63.563	28.217	6.31	<LOD	0.269	0.422
07HLAM76_1_D2	50.484	41.497	4.813	0.882	0.391	0.628
07HLAM48_1_U1	62.297	33.432	2.438	0.36	0.176	0.331
07HLAM48_1_U2	60.272	35.352	2.443	0.369	0.175	0.329
07HLAM48_1_D1	61.609	33.754	2.514	0.235	0.216	0.301
06HLBM1_6_U1	65.812	27.992	4.047	<LOD	0.745	0.32
06HLBM1_6_D1	66.64	27.849	3.572	<LOD	0.583	0.317
06HLBM1_6_D2	67.676	26.549	4.072	<LOD	0.362	0.296
06HLBM3_1_U1	78.64	17.137	3.444	<LOD	<LOD	0.131
06HLBM3_1_U2	61.454	30.608	5.985	0.38	0.419	0.244
06HLBM3_1_D1	64.693	27.918	4.948	<LOD	1.101	0.246
06HLBM5_1_U1	69.354	25.466	3.91	<LOD	0.193	0.161
06HLBM5_1_U2	69.772	24.054	5.079	<LOD	0.137	0.113
06HLBM5_1_D1	66.937	28.553	3.129	<LOD	0.222	0.136
06HLBM5_4_U1	68.794	25.014	4.997	<LOD	0.243	<LOD
06HLBM5_4_U2	68.653	25.511	4.783	<LOD	0.235	0.069
06HLBM5_4_D1	66.726	27.377	4.628	<LOD	0.399	<LOD
06HLBM8_14_U1	59.241	33.947	4.435	0.345	0.159	0.665
06HLBM8_14_U2	55.743	36.484	5.159	0.322	0.217	0.765
06HLBM8_14_D1	59.275	32.679	4.993	0.781	0.353	0.647
06HLBM8_18_U1	64.61	30.943	2.363	0.502	0.283	0.169
06HLBM8_18_U2	65.73	28.774	3.581	0.462	0.232	0.172
06HLBM8_18_D1	57.087	36.361	4.002	0.655	0.508	0.226
06HLBM9_5_U1	63.856	30.912	2.979	0.474	0.123	0.529
06HLBM9_5_U2	64.074	31.226	2.325	0.525	0.15	0.524
06HLBM9_5_D1	59.671	32.825	5.313	0.341	0.158	0.526
06HLBM11_2_D1	61.617	30.514	5.175	0.651	0.304	0.505
06HLBM11_2_D2	60.019	28.963	8.483	<LOD	0.464	0.458
06HLBM11_2_D3	66.694	25.612	6.126	<LOD	0.236	0.43
06HLBM11_3_U1	67.107	25.654	5.635	<LOD	0.223	0.313
06HLBM11_3_U2	68.419	24.048	6.141	<LOD	0.362	0.308
06HLBM11_3_D1	62.72	30.393	4.679	<LOD	0.46	0.394
06HLBM14_1_U1	64.552	28.166	2.936	1.778	0.194	1.312
06HLBM14_1_U2	64.654	27.624	3.387	1.66	0.169	1.284

测试点序号	Cu（铜）	Sn（锡）	Pb（铅）	As（砷）	Fe（铁）	Sb（锑）
06HLBM14_1_D1	61.094	32.021	2.202	1.742	0.292	1.475
06HLBM17_1_U1	58.709	35.156	3.873	0.58	0.079	0.439
06HLBM17_1_U2	55.963	37.294	4.133	0.702	0.113	0.53
06HLBM17_8_U1	61.243	32.938	3.943	<LOD	0.417	0.225
06HLBM17_8_U2	60.513	33.487	4.027	<LOD	0.444	0.2
06HLBM17_8_D1	65.687	29.253	3.468	<LOD	0.459	0.188
06HLBM21_23_D1	65.409	28.427	4.501	<LOD	0.335	0.373
06HLBM21_23_D2	61.588	32.384	4.129	<LOD	0.073	0.429
06HLBM21_23_D3	60.701	32.907	4.017	0.433	0.145	0.43
06HLBM21_30_D1	64.26	27.593	6.504	<LOD	0.37	0.399
06HLBM21_30_D2	61.375	31.142	5.356	<LOD	0.299	0.444
06HLBM21_30_D3	46.818	41.132	9.524	0.53	0.44	0.583
06HLBM22_8_U1	62.632	33.001	2.62	<LOD	0.103	0.383
06HLBM22_8_U2	63.071	32.717	2.446	<LOD	0.107	0.383
06HLBM22_8_D1	62.86	32.859	2.603	<LOD	0.079	0.38
06HLBM24_1_U1	67.679	28.127	2.905	<LOD	0.131	0.221
06HLBM24_1_U2	66.591	28.724	3.322	<LOD	0.137	0.2
06HLBM24_1_U3	66.977	27.88	3.847	<LOD	0.111	0.181
06HLBM25_1_U1	64.043	30.566	3.33	0.412	<LOD	0.463
06HLBM25_1_U2	63.157	31.257	3.372	0.562	<LOD	0.468
06HLBM25_1_U3	65.928	27.551	4.601	0.453	0.146	0.441
06HLBM28_1_U1	64.558	29.746	3.312	<LOD	0.641	0.402
06HLBM28_1_U2	55.894	33.696	7.77	0.777	0.797	0.466
06HLBM28_1_U3	65.239	29.038	3.516	<LOD	0.756	0.369
06HLBM29_8_U1	63.755	31.787	1.871	0.652	0.233	0.437
06HLBM29_8_U2	66.412	27.993	3.782	<LOD	0.154	0.383
06HLBM29_8_D1	49.828	42.003	4.527	1.539	0.253	0.564
06HLBM35_1_U1	65.092	28.67	4.666	<LOD	0.238	0.296
06HLBM35_1_U2	62.343	31.913	3.993	<LOD	0.258	0.325
06HLBM35_1_D1	61.96	33.274	2.717	<LOD	0.297	0.339
06HLBM36_1_U1	66.122	27.409	4.611	<LOD	0.214	0.435
06HLBM36_1_D1	62.449	29.282	6.612	<LOD	0.193	0.439
06HLBM36_1_D2	62.549	32.461	2.826	0.442	0.122	0.427
06HLBM36_4_U1	63.881	28.657	5.143	0.758	0.262	0.269

测试点序号	Cu（铜）	Sn（锡）	Pb（铅）	As（砷）	Fe（铁）	Sb（锑）
06HLBM36_4_U2	65.608	27.355	4.902	0.577	0.215	0.24
06HLBM36_4_U3	64.59	29.786	2.83	1.137	0.293	0.299
07HLBM56_1_U1	63	30.828	3.743	0.42	0.162	0.478
07HLBM56_1_U2	62.568	29.494	6.013	<LOD	0.256	0.47
07HLBM56_1_D1	62.565	31.941	2.8	0.57	0.312	0.521
07HLBM62_1_U1	63.224	31.743	2.85	0.287	0.117	0.488
07HLBM62_1_U2	65.662	28.459	4.101	<LOD	0.072	0.452
07HLBM62_1_D1	66.293	28.58	3.182	0.293	0.097	0.448
07HLBM62_1_D2	63.061	31.855	2.867	<LOD	0.262	0.474
07HLBM63_19_U1	62.461	33.107	2.598	<LOD	0.075	0.343
07HLBM63_19_U2	63.868	31.644	2.834	<LOD	0.059	0.31
07HLBM63_19_U3	67.434	28.579	2.455	<LOD	<LOD	0.273
07HLBM63_19_D1	64.874	29.789	3.833	<LOD	<LOD	0.359
07HLBM63_33_D1	66.674	27.678	4.099	<LOD	0.109	0.351
07HLBM63_33_D2	60.825	33.455	3.602	0.474	0.166	0.367
07HLBM64_1_U1	70.872	22.997	4.599	<LOD	0.188	0.393
07HLBM64_1_D1	70.466	24.328	3.127	<LOD	0.672	0.417
07HLBM64_5_U2	71.338	24.607	2.706	<LOD	0.185	0.3
07HLBM64_5_D1	70.008	26.315	1.862	0.251	0.401	0.298
07HLBM64_5_D2	69.056	26.332	2.222	0.345	0.882	0.29
07HLBM72_22_U1	62.832	33.293	1.904	0.282	0.12	0.379
07HLBM72_22_U2	68.747	26.807	2.939	<LOD	0.1	0.304
07HLBM72_22_D1	62.631	32.517	2.56	0.425	0.206	0.385
07HLBM76_2_U1	66.743	28.52	2.824	0.404	0.303	0.18
07HLBM76_2_U2	68.794	26.258	2.982	0.331	0.317	0.159
07HLBM76_2_D1	72.352	21.527	4.646	<LOD	0.629	0.104
06HLCM2_12_U1	58.455	36.403	3.377	<LOD	0.162	0.314
06HLCM2_12_U2	48.88	42.222	6.024	0.521	1.025	0.366
06HLCM2_12_D1	32.012	57.268	8.218	0.676	0.16	0.52
06HLCM2_12_D2	29.944	59.537	8.369	<LOD	0.187	0.482
06HLCM2_15_U1	61.409	30.962	4.749	1.204	0.084	0.508
06HLCM2_15_U2	64.182	29.184	4.304	0.711	0.102	0.459
06HLCM2_15_D1	62.84	26.543	7.819	1.469	<LOD	0.426
06HLCM2_19_U1	55.866	38.819	3.481	<LOD	<LOD	0.47

测试点序号	Cu（铜）	Sn（锡）	Pb（铅）	As（砷）	Fe（铁）	Sb（锑）
06HLCM2_19_U2	57.914	37.724	2.564	<LOD	<LOD	0.464
06HLCM2_19_D1	58.067	36.984	2.884	0.493	<LOD	0.537
06HLCM2_19_D2	45.855	44.043	7.201	0.91	0.398	0.533
06HLCM3_9_U1	69.568	24.294	4.654	<LOD	<LOD	0.46
06HLCM3_9_U2	67.364	28.431	2.321	0.288	0.068	0.548
06HLCM3_9_D1	68.303	26.91	3.184	<LOD	<LOD	0.454
06HLCM3_15_U1	63.478	31.3	3.567	<LOD	<LOD	0.303
06HLCM3_15_U2	67.4	26.892	4.307	<LOD	<LOD	0.305
06HLCM3_15_D1	63.168	31.301	3.967	<LOD	<LOD	0.291
06HLCM3_15_D2	63.678	29.286	5.133	<LOD	0.112	0.314
06HLCM3_19_U1	65.513	29.247	3.699	<LOD	0.34	0.16
06HLCM3_19_U2	49.025	44.643	4.328	<LOD	0.644	0.178
06HLCM3_19_D1	57.276	36.015	3.618	<LOD	1.888	0.1
06HLCM4_1_U1	67.606	25.212	5.771	<LOD	<LOD	0.392
06HLCM4_1_U2	67.623	26.781	4.197	<LOD	<LOD	0.373
06HLCM4_1_D1	67.68	26.933	3.867	<LOD	0.067	0.377
06HLCM4_2_U1	69.603	23.356	5.816	<LOD	<LOD	0.281
06HLCM4_2_D1	66.548	27.173	4.918	<LOD	<LOD	0.279
06HLCM4_2_D2	67.471	26.335	4.838	<LOD	<LOD	0.303
06HLCM12_12_U1	65.018	30.826	2.185	<LOD	0.247	0.321
06HLCM12_12_U2	64.499	30.931	2.578	<LOD	0.215	0.332
06HLCM12_12_D1	65.981	29.766	2.566	<LOD	0.278	0.338
06HLCM19_1_U1	65.564	30.166	2.343	<LOD	0.313	0.422
06HLCM19_1_U2	66.828	28.665	2.46	0.266	0.245	0.373
06HLCM19_1_D1	58.954	34.382	4.04	0.603	0.408	0.485
06HLCM20_1_U1	68.422	25.401	4.369	<LOD	0.316	0.381
06HLCM20_1_D1	65.744	27.89	4.6	<LOD	0.188	0.417
06HLCM20_1_D2	66.85	26.411	5.099	<LOD	0.237	0.388
06HLCM21_1_U1	64.455	29.961	2.871	0.469	0.367	0.534
06HLCM21_1_U2	71.755	20.238	6.928	<LOD	0.121	0.306
06HLCM21_1_D1	56.593	35.223	5.244	0.49	0.496	0.54
06HLCM21_1_D2	60.151	31.998	5.188	0.403	0.258	0.544

表 6-2　中国古铜镜成分分析文献列表

作者	发表日期	方法	铜镜数量	铜镜时代	出　处	考古发掘品
近重真澄	1918 年	湿化学法	16 件	汉~清	《東洋古銅器の化学的研究》，《史林》1918 年第 3 卷第 2 号，第 178 ~ 211 页。	否
William F. Collins	1931 年	湿化学法	5 件	汉~唐	"The Corrosion of Early Chinese Bronzes." *The Institute of Metals* 45(1931): 23-55.	否
William F. Collins	1934 年	湿化学法	1 件	汉	"The Mirror-Black and 'Quicksilver' Patinas of Certain Chinese Bronzes." *The Journal of the Royal Anthropological Institute of Great Britain and Ireland* 64(1934): 69-79.	否
小松茂、山内淑人	1933 年	湿化学法	23 件	不明	《東洋古銅器の化學的研究》，《東方學報》1933 年第 3 册，第 295 ~ 303 页。	否
小松茂、山内淑人	1937 年	湿化学法	40 件	不明	《古鏡の化學的研究》，《東方學報》1937 年第 8 册，第 11 ~ 31 页。	否
梅原末治	1937 年	湿化学法	不明	不明	《古鏡の化學成分に關する考古學的考察》，《東方學報》1937 年第 8 册，第 32 ~ 55 页。	否
梁津	1925 年	湿化学法	1 件	东周	《周代合金成分考》，《科學》1925 年第 9 卷第 10 期，第 1261 ~ 1278 页。	否
R. J. Gettens	1949 年	湿化学法	不明	不明	"Tin Oxide Patina of Ancient High Tin Bronze." *William Hayes Fogg Art Museum bulletin* 11(1949): 16-26.	否
梁树权、张赣南	1950 年	湿化学法	1 件	商周	《中国古铜的化学成分》，《中国化学会会志》第十七卷，第 9 ~ 18 页。	否
湖南省博物馆	1959 年	湿化学法	2 件	东周	《长沙楚墓》，《考古学报》1959 年第 1 期，第 41 ~ 60 页。	是
Harry Garner	1960 年	GF-AAS	1 件	唐	"The Composition of Chinese Bronzes." *Oriental Art* 6.4 (1960):133.	否
上海交通大学西汉古铜镜研究组	1976 年	湿化学法	1 件	西汉	《西汉"透光"古铜镜研究》，《金属学报》1976 年第 12 期，第 13 ~ 22 页。	否
J. Riederer	1977 年	AAS	49 件	春秋~唐	"Metallanalysen chinesischer Spiegel." *Berliner Beiträge zur Archäometrie* 2(1977): 6-16.	否
W. T. Chase and T.O. Ziebold	1978 年	湿化学法	4 件	周~唐	"Ternary Representations of Ancient Chinese Bronze Compositions." In *Archaeological Cheminstry II*, edited by G. Carter, 293-320. Washington D.C: American Chemical Society, 1978.	否
周欣、周长源	1979 年	湿化学法	2 件	唐代	《扬州出土的唐代铜镜》，《文物》1979 年第 7 期，第 53 ~ 58 页。	是
W. T. Chase and Ursula Franklin	1979 年	SEM、XRF	约 40 件	不明	"Early Chinese Black Mirrors and Pattern-Etched Weapons." *Ars Orientalis* 11(1979): 215-258.	否
Sawada Masaaki	1979 年	XRF	42 件	汉代?	"Non-Destructive X-Ray Fluorescence Analysis of Ancient Bronze Mirrors Excavated in Japan." *Ars Orientalis* 11 (1979): 195-213.	是
李虎侯	1980 年	NAA	1 件	齐家	《齐家文化铜镜的非破坏鉴定》，《考古》1980 年第 4 期，第 365 页。	是
李虎侯、李道伦、韩俊英	1984 年	XRF	不明	不明	《X 射线荧光分析古铜镜的表面组份》，《核化学与放射化学》1984 年第 1 期，第 45、46 页。	否

作者	发表日期	方法	铜镜数量	铜镜时代	出　处	考古发掘品
李虎侯、李道伦、韩俊英	1987 年	XRF	6 件	汉～唐	《铜镜成分的研究——X 射线荧光分析铜镜表面成分》，《考古学集刊·5》，中国社会科学出版社，1987 年，第 344～349 页。	否
张日清、曲长芝	1982 年	XRF	1 件	西周晚期	《同位素 X 射线荧光法对稀珍文物的无损分析》，《考古学集刊·2》，中国社会科学出版社，1982 年，第 194～202 页。	是
北京钢铁学院冶金史研究室	1981 年	XRF、LIBS（激光光谱 - 定性）	3 件	齐家	《中国早期铜器的初步研究》，《考古学报》1981 年第 3 期，第 295 页。	是
田长浒	1980 年	湿化学法	7 件	战国～汉	《从现代实验剖析中国古代青铜铸造的科学成就》，《四川理工大学学报（工程科学版）》1980 年第 3、4 期，第 109～124 页。	否
田长浒	1984 年	SEM-EDS	3 件	殷墟～宋	《中国古代青铜镜铸造技术的分析研究》，《成都科技大学学报》1984 年第 3 期，第 145～151 页。	否
广州市文物管理委员会	1981 年	湿化学法	6 件	汉代	《广州汉墓》，文物出版社，1981 年。	是
陈佩芬	1981 年	湿化学法、SEM-EPMA	6 件	汉～唐	《古代铜兵铜镜的成分及有关铸造技术》，《上海博物馆馆刊》1981 年第 1 期，第 143～150 页。	否
田长浒	1980 年	湿化学法、AAS、SEM-EDS	7 件	战国～六朝	《从现代实验剖析中国古代青铜器铸造的科学成就》，《成都科技大学学报》1980 年第 3 期，第 109～124 页。	否
赤峰市文物工作站、自然科学史研究所	1985 年	SEM	2 件	西周晚～春秋早	《宁城早期铜镜及其科学分析》，《考古》1985 年第 7 期，第 659～661 页。	是
章佩群、计桂泉、李虎侯	1986 年	XRF、Mössbauer spectroscopy（穆斯堡尔谱）	2 件	汉、唐	《中国古代铜镜的穆斯堡尔谱学研究》，《核技术》1986 年第 2 期，第 7～10 页。	是
谭德睿等	1987 年	湿化学法、AES、SEM-EPMA	2 件	汉代	《东汉水银沁铜镜表面处理技术研究阶段报告》，《上海博物馆馆刊》1987 年第 4 期，第 405～427 页。	否
徐力等	1987 年	SEM-EPMA	1 件	汉代	《汉镜组织和成分研究》，《电子显微学报》1987 年第 4 期，第 29～34 页。	否
吴詠华等	1988 年	穆斯堡尔谱	1 件	汉代	《古镜不取样的穆斯堡尔谱分析》，《核技术》1988 年第 6 期，第 39～42 页。	否
中国科技大学结构分析中心实验室等	1988 年	湿化学法	13 件	汉代	《汉代铜镜的成分与结构》，《考古》1988 年第 4 期，第 371～376 页。	否
王昌燧等	1989 年	SEM-EPMA	7 件	春秋～唐	《古铜镜的结构成分分析》，《考古》1988 年第 5 期，第 476～480 页。	否
北京科技大学冶金史研究室	1991 年	AAS	2 件	西汉	《西汉南越王墓》，文物出版社，1991 年。	是
孙淑云、N. F. Kennon	1992 年	SEM-EDS	5 件	战国～唐	《中国古代铜镜显微组织的研究》，《自然科学史研究》1992 年第 1 期，第 54～67 页。	否
范崇正等	1993 年	AAS、SEM-EPMA	2 件	东汉、唐	《绿漆古铜镜的结构成分分析》，《文物保护与考古科学》1993 年第 15 卷第 1 期，第 1～8 页。	否

作者	发表日期	方法	铜镜数量	铜镜时代	出处	考古发掘品
范崇正等	1994 年	SEM-EPMA	3 件	汉、六朝	《黑漆古青铜镜的结构成分剖析及表面层形成过程的探讨》,《中国科学:化学》1994 年第 24 卷第 1 期,第 29 ～ 34 页。	否
何堂坤	1989 年	湿化学法、AAS、SEM	20 件	齐家～清	《我国古镜化学成分的初步研究》,《科技史文集》第 15 辑,上海科技出版社,1989 年,第 92 ～ 102 页。	否
Caroline Schulten	1996 年	湿化学法	2 件	汉代	"Analyzing the metallurgical and cultural backgrounds of two Han-dynasty bronze-mirror fragments." *Journal of Metals* 48.5(1996): 57-59.	否
何堂坤	1999 年	湿化学法、AAS、SEM	107 件	西周～清	《中国古代铜镜的技术研究》,紫禁城出版社,1999 年。	否
梅建军	2000 年	SEM-EDS	4 件	新疆史前文化	*Copper and Bronze Metallurgy in Late Prehistoric Xinjiang: Its Cultural Context and Relationship with the Neighbouring Regions (BAR International Series 865).* Oxford: Archaeopress, 2000.	是
程林泉、韩国河	2002 年	SEM-EDS	33 件	战国～东汉	《长安汉镜》,陕西人民出版社,2002 年。	是
梅建军	2006 年	XRF	2 件	新疆史前文化	《关于新疆出土早期铜镜研究的几个问题》,《吐鲁番学研究:第二届吐鲁番学国际学术研讨会论文集》,2006 年,第 246 ～ 251 页。	是
崔剑锋、吴小红	2007 年	SEM-EDS	2 件	汉代	《临淄齐国故城汉代镜范和铜镜检测报告》,《山东省临淄齐国故城汉代镜范的考古学研究》,科学出版社,2007 年,第 234 ～ 241 页。	是
周双林、楼署红	2009 年	SEM-EDS、ICP	1 件	东汉	《贵州赫章可乐遗址金饰青铜镜的仪器分析》,《文物保护与考古科学》2009 年第 21 卷第 1 期,第 37 ～ 43 页。	是
张玉春、王志刚	2009 年	SEM-EDS	1 件	金代	《德惠市迎新遗址金代双鱼镜的检测与研究》,《北方文物》2009 年第 4 期,第 48 ～ 52 页。	是
David Scott	2011 年	XRF	90 件	新石器～辽金	"The Technical Analysis of Chinese Mirrors." *The Lloyd Cotsen Study Collection of Chinese Bronze Mirrors*, 198-233. LA: UCLA Cotsen Institute of Archaeology Press, 2009.	否
牛占蕊等	2011 年	SEM-EDS	3 件	汉代	《汉代铜镜的耐蚀性分析》,《理化检验(物理分册)》2011 年第 9 期,第 551 ～ 553 页。	否
房嘉等	2012 年	AAS	3 件	汉代	《汉代日光镜中金属元素的分析》,《农业科技与信息》2012 年第 20 期,第 23 ～ 24 页。	否
杨菊、李延祥	2012 年	SEM-EDS	2 件	汉代	《北京延庆西屯墓地出土汉代铜器的科学分析》,《中国文物科学研究》2012 年第 3 期,第 76 ～ 80 页。	是
刘亚雄等	2015 年	SEM-EDS	23 件	战国～秦	《陕西临潼新丰秦墓出土铜镜的科学分析》,《中原文物》2015 年第 4 期,第 111 ～ 115 页。	是
贾晓燕等	2016 年	XRF	1 件	唐代	《西安博物院唐代双鸾衔绶镜分析检查及其保护修复》,《文博》2016 年第 2 期,第 104 ～ 107 页。	否
南普恒等	2016 年	XRF	1 件	汉代	《湖北柳树沟墓群 M24 出土汉代薄胎铜镜的保护修复》,《文物保护与考古科学》2016 年第 3 期,第 78 ～ 85 页。	是
卢轩、长孙樱子、韩建武	2018 年	XRF、SEM-EDS	34 件	汉魏	《一批长安汉镜的金属技术研究》,《有色金属(冶炼部分)》2018 年第 12 期,第 69 ～ 75 页。	是

图版

素面镜

2009HBYM43∶1

桥形钮。镜面较平，镜体较薄。
直径 11.1 厘米。

图版一　素面镜 2009HBYM43∶1

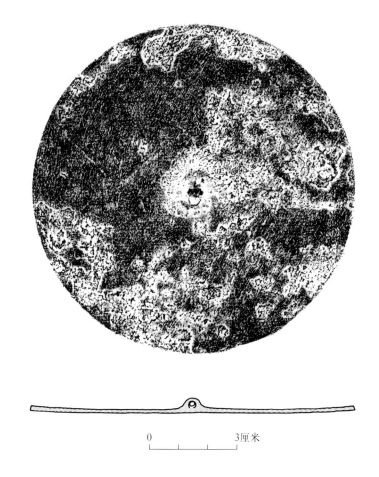

0   3厘米

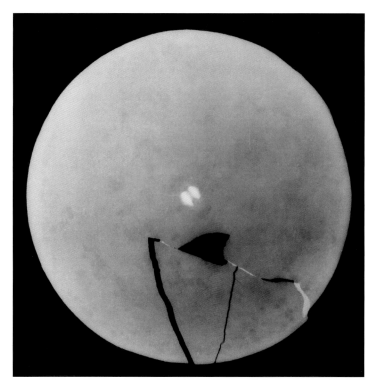

图版二　素面镜 2009HBYM43：1 拓片、剖面图、X 射线成像

素面镜

2009HBYM56：6

圆拱形钮。镜面较平，镜体较薄。

直径 8.8 厘米。

图版三　素面镜 2009HBYM56：6

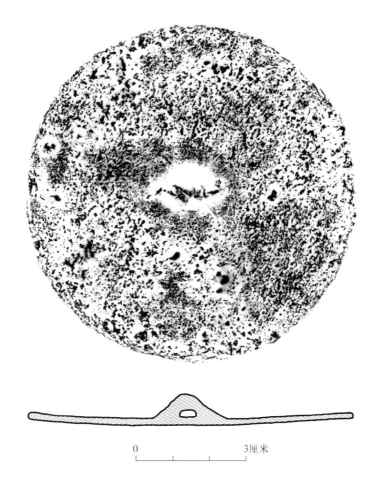

0　　　　　　　3厘米

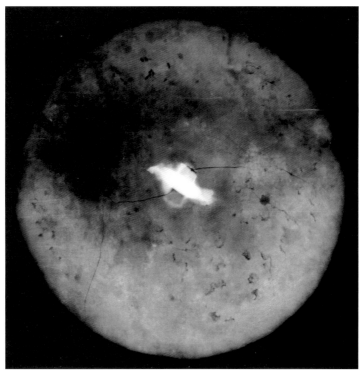

图版四　素面镜 2009HBYM56：6 拓片、剖面图、X 射线成像

素面镜

2009HGPM76：7

尖拱形钮。镜面较平，镜体较薄。
直径 8.9 厘米。

图版五　素面镜 2009HGPM76：7

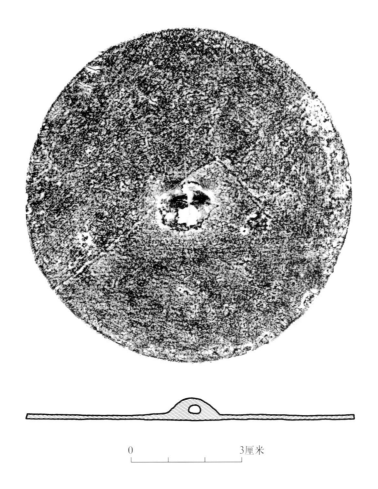

0   3厘米

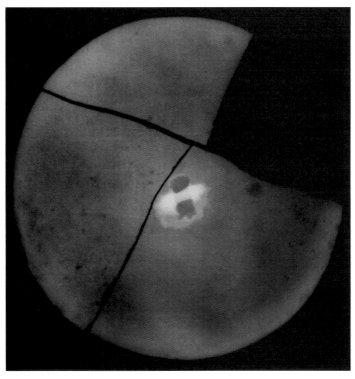

图版六　素面镜 2009HGPM76∶7 拓片、剖面图、X 射线成像

星云纹镜

2009HBZM27：2

连峰钮，钮座有小乳丁装饰。钮座外有一周凸面圈带，之外主纹饰区有四个乳丁，其间分布有星云纹。主纹饰区外为一周短斜线纹带。内向十六连弧纹缘。直径 9.5 厘米。

图版七　星云纹镜 2009HBZM27：2

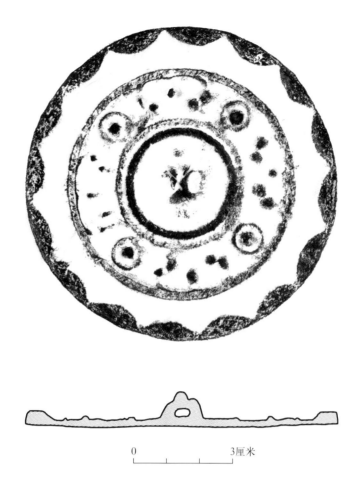

0   3厘米

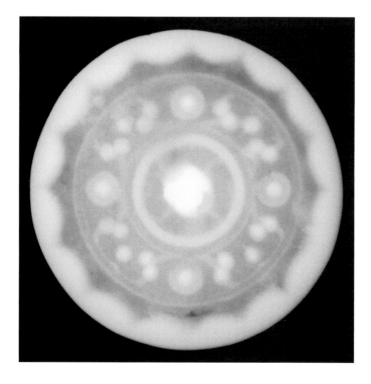

图版八　星云纹镜 2009HBZM27：2 拓片、剖面图、X 射线成像

星云纹镜

2009HBYM94∶4

三弦带形钮，圆形钮座。钮座外为一周宽凸弦
纹，之外为主纹饰区，主纹饰为星云纹，再外
为一周凹面圈带。素缘。直径9厘米。

图版九　星云纹镜 2009HBYM94∶4

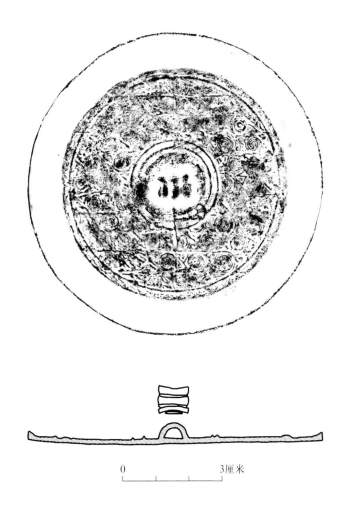

0   3厘米

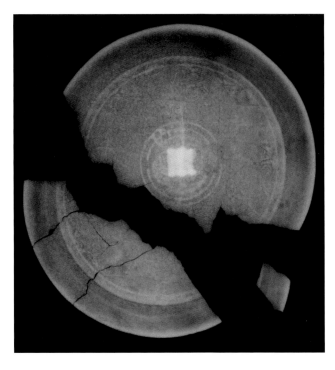

图版一〇　星云纹镜 2009HBYM94：4 拓片、剖面图、X 射线成像

日光镜

BM75：1

半球形钮，圆形钮座。钮座外纹饰自内而外依次为内向八连弧纹、短斜线纹带、铭文带和短斜线纹带，钮座与内向八连弧纹之间为四组短竖线纹（每组三线）与四条弧线纹相间环列。素缘。铭文为非篆非隶的篆隶式变体："见◇日の之◇光の天◇下の大◇明の"。直径6.8厘米。

图版一一　　日光镜 BM75：1

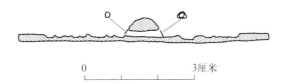

0　　　　　　　3厘米

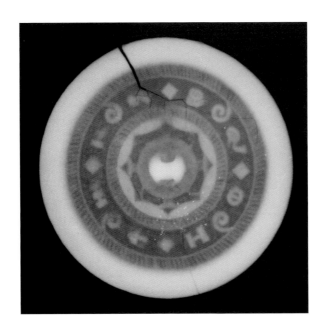

图版一二　　日光镜 BM75：1 拓片、剖面图、X 射线成像

日光镜

BM20：21

半球形钮，圆形钮座。钮座外纹饰自内而外依次为内向八连弧纹、短斜线纹带、铭文带和短斜线纹带，钮座与内向八连弧纹之间为四组短竖线纹（每组三线）与四条弧线纹相间环列。素缘。铭文为非篆非隶的篆隶式变体："见の日◇光の之◇天の下◇大の明◇"。直径7.7厘米。

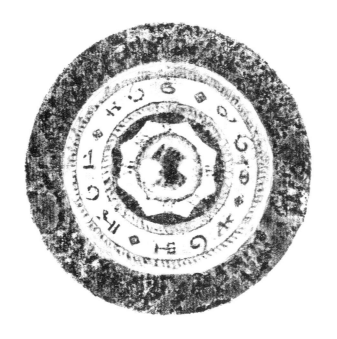

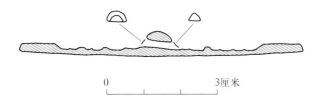

0　　　　　　　　　3厘米

图版一四　日光镜 BM20：21 拓片、剖面图、X 射线成像

昭明镜

AM51：28

半球形钮，圆形钮座。钮座外为内向八连弧
纹，钮座与八连弧之间有短弧线和凸起多边
形纹，之外分别为短斜线纹饰带、铭文带和
短斜线纹饰带。铭文为"内清以昭明光日月
不□"。素缘。直径8.2厘米。

图版一五　昭明镜 AM51：28

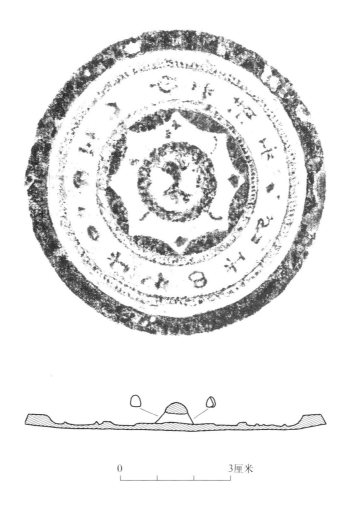

0　　　　　　3厘米

图版一六　昭明镜 AM51：28 拓片、剖面图、X 射线成像

昭明镜

AM72：1

半球形钮，圆形钮座。钮座外有一周宽凸弦纹，钮座与凸弦纹之间为四组短竖线纹（每组三线）与四条弧线纹相间环列，之外为内向十二连弧纹，连弧纹与宽弦纹带之间也有四组短竖线纹（每组三线）与四条弧线纹相间环列，再外为短斜线纹带、铭文、短斜线纹带。铭文为"内清质以昭明光象日月□"，每两字之间有"而"字，首、尾以"••"相隔。素缘。直径 10.5 厘米。

图版一七　昭明镜 AM72：1

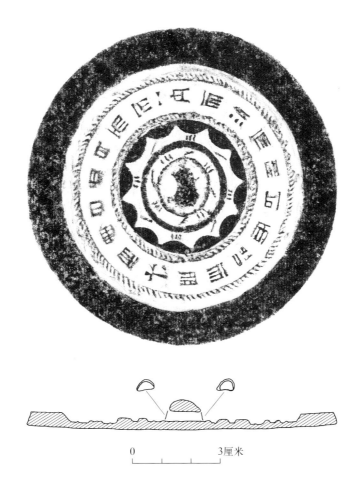

0　　　　　3厘米

图版一八　昭明镜 AM72：1 拓片、剖面图、X 射线成像

昭明镜

BM36：4

半球形钮，圆形钮座。钮座外有一周宽凸弦纹，钮座与凸弦纹之间为四组短竖线纹（每组三线）与四条弧线纹相间环列，之外为内向八连弧纹，连弧纹内角有一周短弧线纹，再外为短斜线纹带、铭文带、短斜线纹带。铭文为"内青以昭明光象夫日月"，每两字之间有一"而"字。素缘。直径 10.8 厘米。

图版一九　昭明镜 BM36：4

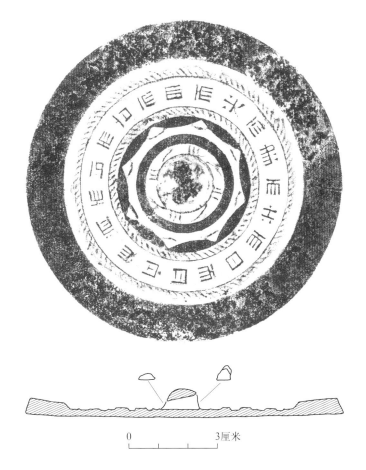

0 ————————— 3厘米

图版二〇　昭明镜 BM36：4 拓片、剖面图、X 射线成像

昭明镜

AM3：1

半球形钮，圆形钮座。钮座外有一周宽凸弦纹，钮座与凸弦纹之间为四组短竖线纹（每组三线）与四条弧线相间环列，之外为内向八连弧纹，连弧纹与宽弦纹带之间也有四组短竖线纹（每组三线）与四条弧线相间环列，再外为短斜线纹带、铭文带、短斜线纹带。铭文为"内青以明象昭日月光"，每两字之间有一"而"字。镜缘为锯齿纹和双线波折纹各一周。直径 12 厘米。

图版二一　昭明镜 AM3：1

0 ————— 3厘米

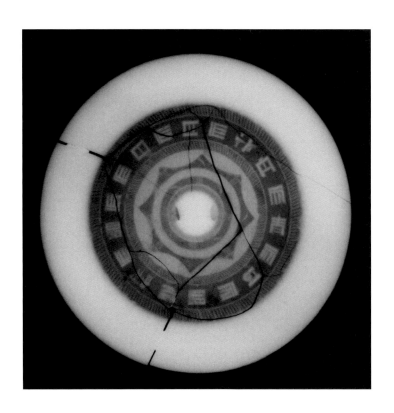

图版二二　昭明镜 AM3：1 拓片、剖面图、X 射线成像

昭明镜

AM76：1

半球形钮，圆形钮座。钮座外有一周宽凸弦纹，钮座与凸弦纹之间为四组短竖线纹（每组三线）与四条弧线相间环列，之外为内向八连弧纹，连弧纹与宽弦纹带之间也有四组短竖线纹（每组三线）与四条弧线纹相间环列，再外为短斜线纹带、铭文带、短斜线纹带。铭文为"内象亚昭巳（泄）清以一日月光明"，每两字之间有一"而"字。镜缘为锯齿纹和双线波折纹各一周。直径 14.5 厘米。

图版二三　昭明镜 AM76：1

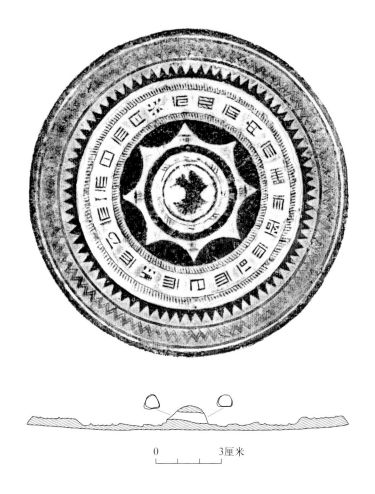

0　　　　　3厘米

图版二四　昭明镜 AM76：1 拓片、剖面图、X 射线成像

昭明镜

CM21：1

半球形钮，扁桃形四叶钮座。钮座四叶之间饰草形纹，钮座外有一周宽凸弦纹，之外为内向十二连弧纹、短斜线纹带、铭文带和短斜线纹带，十二连弧内角各有一"•"纹。铭文为"内青明同光月日象白之□"。镜缘为锯齿纹和双线波折纹各一周。直径 12.4 厘米。

图版二五　昭明镜 CM21：1

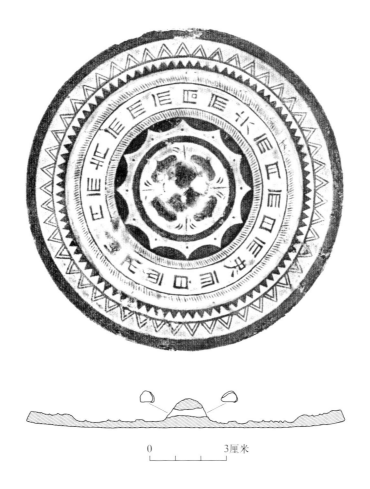

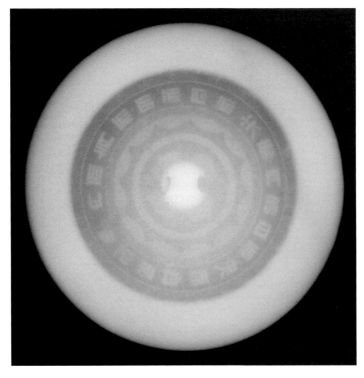

图版二六　　昭明镜 CM21∶1 拓片、剖面图、X 射线成像

四乳四虺纹镜

BM17：1

半球形钮，十二连珠纹钮座。钮的穿孔方向正对两乳，十二连珠纹中有四条短直线将钮座分为四个区，每区内有三个珠。钮座外由内而外依次为短斜线纹带、凸弦纹、短斜线纹带、主纹饰区、短斜线纹带。主纹饰区内四乳丁大致与钮座内四条短直线构成的十字顶角相对，四虺首与尾基本相同，与四虺首相对的有虎首、龙首、凤首和蛇首，虺尾下方各有一鸟，虺背上方各有沿内短斜线圈行走的鹿、蜗牛、禽鸟等。宽素缘。直径18厘米。

图版二七　四乳四虺纹镜 BM17：1

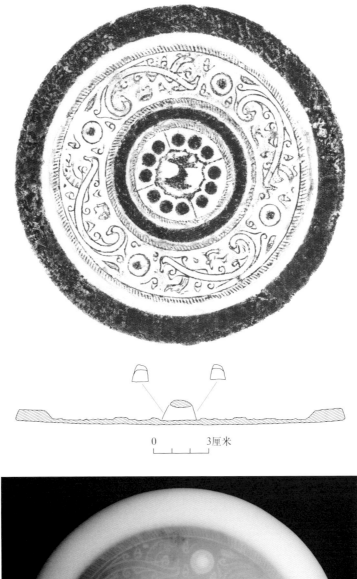

0   3厘米

图版二八　四乳四虺纹镜 BM17：1 拓片、剖面图、X 射线成像

四乳四虺纹镜

BM29：8

半球形钮、扁桃形四叶钮座。钮穿孔方向朝向两乳之间，钮座外由内而外依次为短斜线纹带、凸弦纹、短斜线纹带、主纹饰区、短斜线纹带。主纹饰区内四乳丁与钮座的四叶相对，四虺首与虺尾大致相同，虺首下方、虺背、虺尾下方各有一鸟。素缘。直径 15.7 厘米。

图版二九　四乳四虺纹镜 BM29：8

0 ____ 3厘米

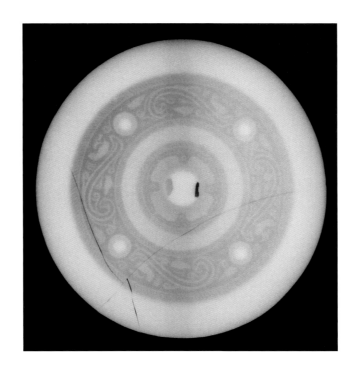

图版三〇　四乳四虺纹镜 BM29：8 拓片、剖面图、X 射线成像

四乳四虺纹镜

BM77：1

半球形钮，圆形钮座。钮穿孔朝向两乳之间，钮座外饰对称四组短竖线纹（每组三线），间饰一条短弧线。钮座外自内而外依次为短斜线纹带、主纹饰区、短斜线纹带，主纹饰区虺纹内、外各有一只鸟纹。素缘。直径约7.8厘米。

图版三一　四乳四虺纹镜 BM77：1

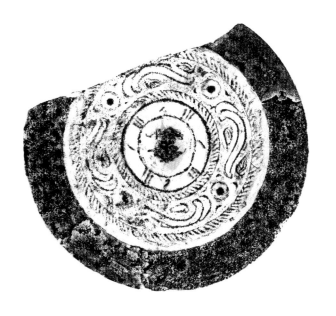

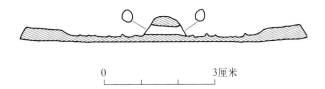

0　　　　　　　　3厘米

图版三二　　四乳四虺纹镜 BM77：1 拓片、剖面图

四乳四虺纹镜

AM40：2

半球形钮，圆形钮座。钮穿孔朝向两乳，钮座外饰四组对称短竖线纹（每组三线），间饰一组短弧线纹（每组三线）。钮座外自内而外依次为短斜线纹带、主纹饰区、短斜线纹带，主纹饰区虺纹内、外各有一只鸟纹。素缘。直径8.7厘米。

图版三三　四乳四虺纹镜 AM40：2

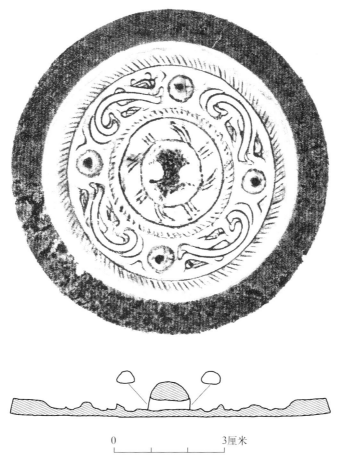

0   3厘米

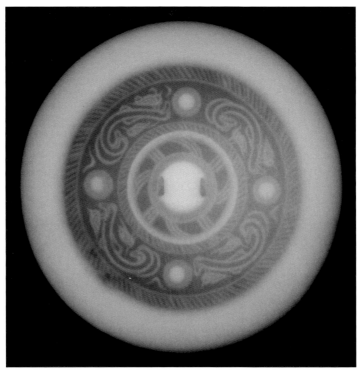

图版三四　四乳四虺纹镜 AM40：2 拓片、剖面图、X 射线成像

四乳四虺纹镜

AM40：6

半球形钮，圆形钮座。钮穿孔朝向两乳之间，钮座外饰对称四组短竖线纹（每组三线），间饰一组短弧线纹。钮座外自内而外依次为短斜线纹带、主纹饰区、短斜线纹带，主纹饰区虺纹内、外各有一只鸟纹。素缘。直径 11 厘米。

图版三五 四乳四虺纹镜 AM40：6

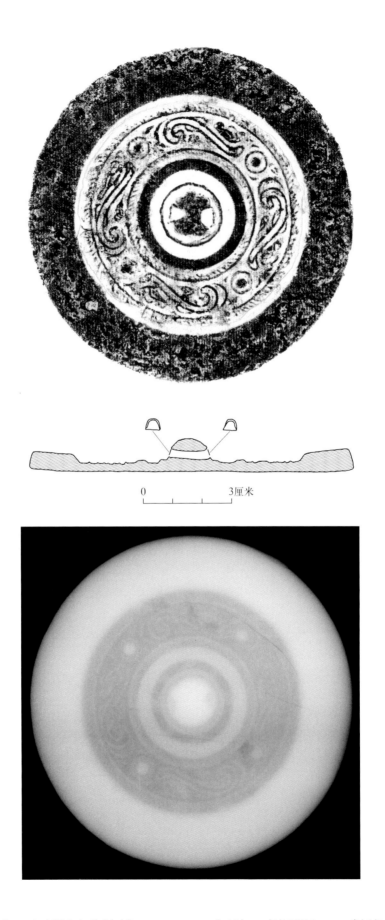

0　　　　　　3厘米

图版三六　四乳四虺纹镜 AM40：6 拓片、剖面图、X 射线成像

四乳四虺纹镜

BM28：1

半球形钮，圆形钮座。钮穿孔朝向两乳之间，钮座外饰对称四组短竖线纹和四组短弧线纹。之外为短斜线纹带、主纹饰区、短斜线纹带，主纹饰区虺纹外侧靠近缘部有一只鸟纹，内侧为弧线。素缘。直径 9 厘米。

图版三七　四乳四虺纹镜 BM28：1

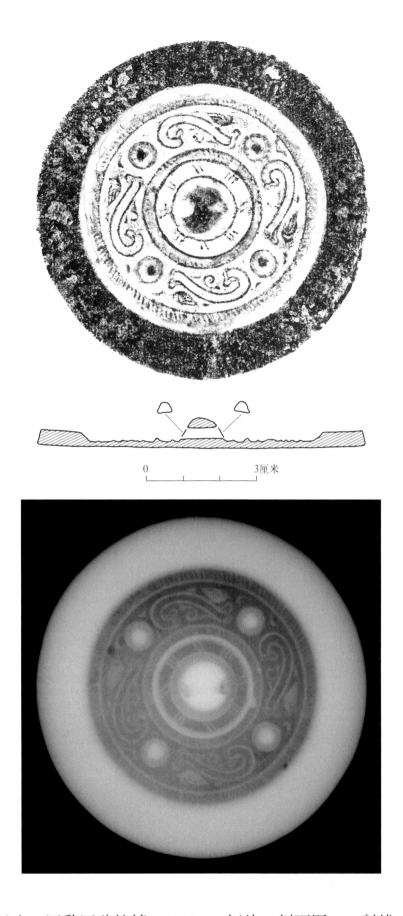

0　　　　3厘米

图版三八　四乳四虺纹镜 BM28：1 拓片、剖面图、X 射线成像

四乳四虺纹镜

BM11：3

半球形钮、圆形钮座。钮穿孔朝向两乳之间，钮座外自内而外依次为短斜线纹带、主纹饰区、短斜线纹带，主纹饰区虺纹外侧靠近缘部有一只鸟纹，内侧为弧线。素缘。残镜直径7.8厘米。

图版三九　四乳四虺纹镜 BM11：3

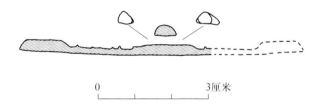

0   3厘米

图版四〇　四乳四虺纹镜 BM11：3 拓片、剖面图

四乳四虺纹镜

AM21：23

半球形钮，圆形钮座。钮穿孔朝向两乳之间，钮座外饰八条短竖线纹，之外分别为弦纹和主纹饰区，主纹饰区虺纹外侧靠近缘部有一只鸟纹，内侧饰弧线。素缘。直径 7.9 厘米。

图版四一　四乳四虺纹镜 AM21：23

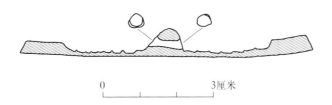

0   3厘米

图版四二　四乳四虺纹镜 AM21：23 拓片、剖面图、X 射线成像

四乳四虺纹镜

2009HBZM24：3

半球形钮，圆形钮座。钮座外纹饰自内而外依次为对称四组短竖线纹（每组三线）和四条短斜线纹组成的纹饰带、短斜线纹带、主纹饰区、短斜线纹带。主纹饰由四个乳丁分成四区，每区内有一虺纹，虺纹两侧靠近缘部有鸟纹。素缘。直径 8 厘米。

图版四三　四乳四虺纹镜 2009HBZM24：3

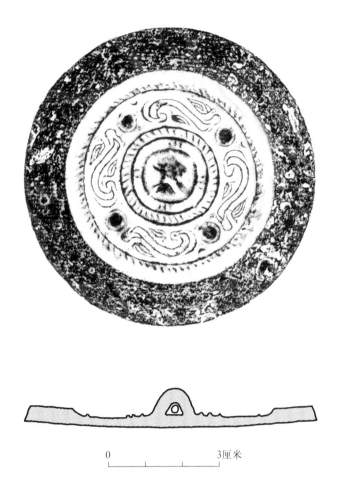

0　　　　　　　3厘米

图版四四　　四乳四虺纹镜 2009HBZM24：3 拓片、剖面图、X 射线成像

四乳龙虎纹镜

AM63：1

半球形钮，圆形钮座。钮穿孔朝向两乳之间，钮座外纹饰自内而外依次为短弧线和短竖线纹饰带、凸弦纹、短斜线纹带、主纹饰区、短斜线纹带。主纹饰区四乳之间有相对的龙纹和虎纹。宽素缘。直径 10.7 厘米。

图版四五　四乳龙虎纹镜 AM63：1

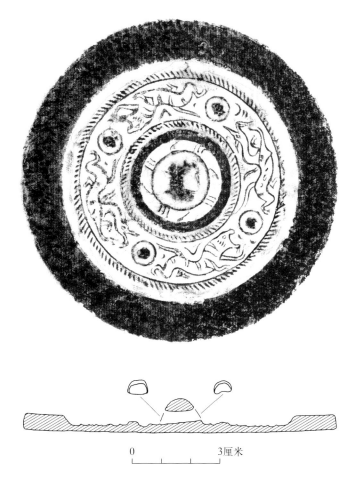

0　　　　　　3厘米

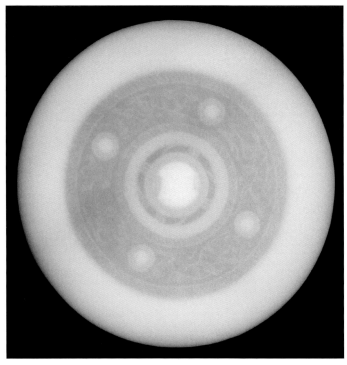

图版四六　　四乳龙虎纹镜 AM63：1 拓片、剖面图、X 射线成像

四乳龙凤纹镜

BM14：1

半球形钮，圆形钮座。钮穿孔方向朝向两乳之间，钮座外纹饰自内而外依次为对称四组短竖线纹（每组三线）与四组短弧线纹（每组二线）、凸弦纹、短斜线纹带、主纹饰区、短斜线纹带、凸弦纹、双线折线纹带。主纹饰区由四个乳丁分成四区，间饰二龙二凤，其中一龙呈长蛇状，一龙几何化。素缘。直径 10.3 厘米。

图版四七　四乳龙凤纹镜 BM14：1

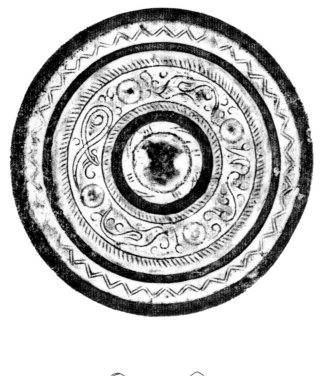

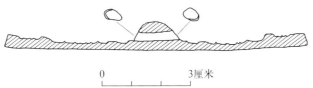

0   3厘米

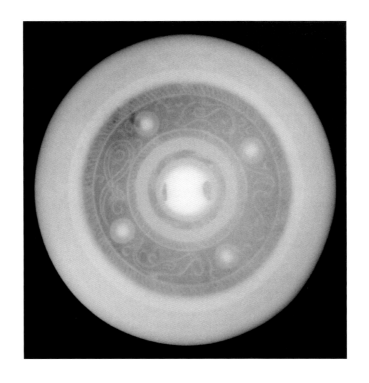

图版四八　四乳龙凤纹镜 BM14：1 拓片、剖面图、X 射线成像

四乳禽鸟纹镜

BM56：1

半球形钮，圆形钮座。钮穿孔方向朝向两乳之间。钮座外纹饰自内而外依次为凸弦纹、主纹饰区、短斜线纹带、凸弦纹，主纹饰为四乳丁之间有四鸟，两只鸟向乳丁对立，另两只绕乳丁右旋布列。锯齿纹缘。直径7.4厘米。

图版四九　四乳禽鸟纹镜 BM56：1

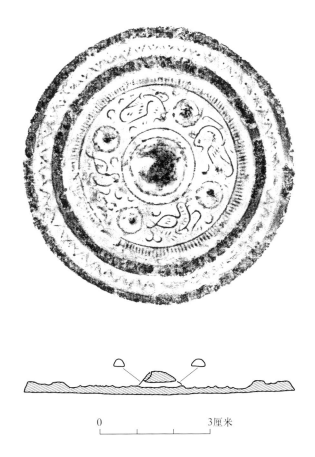

0　　　　　　　　　3厘米

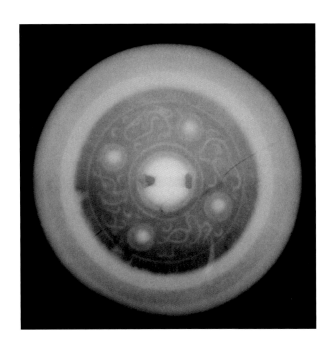

图版五〇　　四乳禽鸟纹镜 BM56：1 拓片、剖面图、X 射线成像

四乳禽鸟纹镜

AM67：5

半球形钮，圆形钮座。钮座外为主纹饰区，主纹饰区四乳丁之间纹饰用线条表现，不辨，能隐约看出为禽鸟纹，主纹饰区外为一周凹弦纹，再外为短斜线纹带。锯齿纹缘。直径6.9厘米。

图版五一　四乳禽鸟纹镜 AM67：5

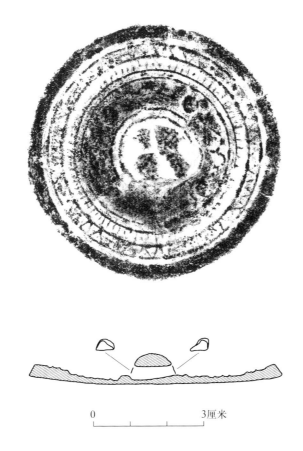

0　　　　　　　3厘米

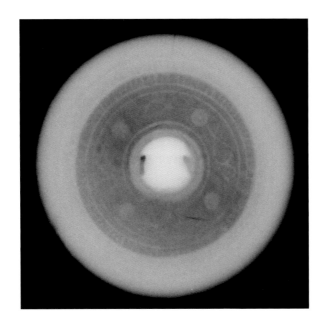

图版五二　四乳禽鸟纹镜 AM67：5 拓片、剖面图、X 射线成像

四乳禽鸟纹镜

AM7：1

半球形钮，圆形钮座。钮穿孔方向正对二乳，钮座外即为主纹饰区。主纹饰区由四个乳丁分成四区，四乳之间有绕乳丁布列的四鸟，主纹饰区为半浮雕状，主纹饰外为一周双线弦纹，再外为短斜线纹带，最外为一周长而密的锯齿纹。直径8.4厘米。

图版五三　四乳禽鸟纹镜 AM7：1

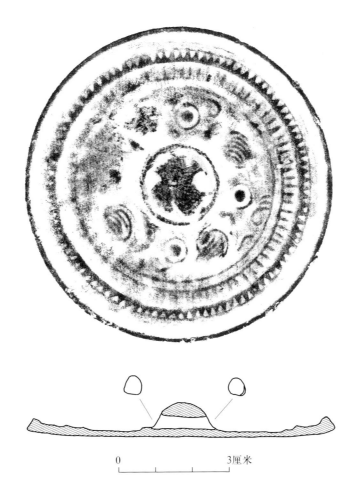

0   3厘米

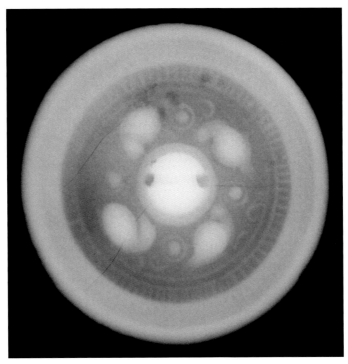

图版五四　四乳禽鸟纹镜 AM7∶1 拓片、剖面图、X 射线成像

四乳禽鸟纹镜

AM10：18

半球形钮，圆形钮座。钮穿孔方向正对二乳，钮座外即为主纹饰区。主纹饰区由四个乳丁分成四区，四乳丁之间有绕乳丁布列的四鸟，主纹饰为半浮雕状，主纹饰外为一周双线弦纹，再外为短斜线纹带，最外为一周长而密的锯齿纹。直径8.4厘米。

图版五五 四乳禽鸟纹镜 AM10：18

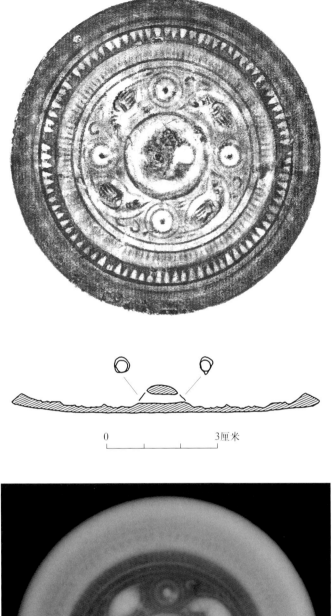

图版五六　四乳禽鸟纹镜 AM10：18 拓片、剖面图、X 射线成像

四乳禽鸟纹镜

AM71∶1

半球形钮，圆形钮座。钮穿孔方向正对二乳。钮座外即为主纹饰区，主纹饰区由四个乳丁分成四区，四乳丁外无凸棱，乳丁之间有禽、鸟各两个，一鸟不辨，二禽向乳对立，禽、鸟背乳而立，主纹饰区外有短斜线纹一周。锯齿纹缘，锯齿宽而稀疏。直径 7.3 厘米。

图版五七　四乳禽鸟纹镜 AM71∶1

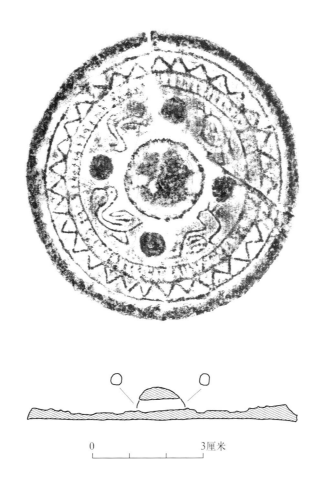

0　　　　　　　　　3厘米

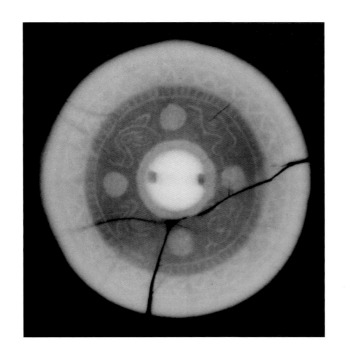

图版五八　四乳禽鸟纹镜 AM71：1 拓片、剖面图、X 射线成像

四乳禽鸟纹镜

2009HBZM57：1

半球形钮，圆形钮座。钮穿孔方向朝向两乳。钮座外为主纹饰区，主纹饰区为四乳之间有四鸟，之外为一周短斜线纹带，一周锯齿纹。素缘。直径 6.8 厘米。

图版五九　四乳禽鸟纹镜 2009HBZM57：1

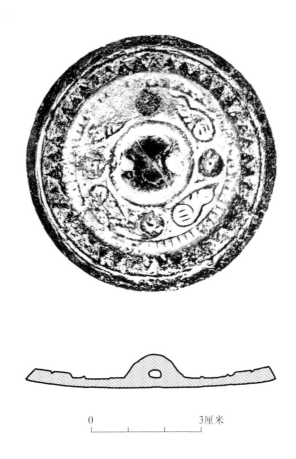

0　　　　　　3厘米

图版六〇　四乳禽鸟纹镜 2009HBZM57：1 拓片、剖面图、X 射线成像

四乳禽鸟纹镜

2009HCNM114：2

半球形钮，圆形钮座。钮座外即为主纹饰区，四乳丁之间有绕乳丁布列的四鸟，主纹饰为半浮雕状，之外为短斜线纹带，再外为一周长而密的锯齿纹。素缘。直径8.9厘米。

图版六一 四乳禽鸟纹镜 2009HCNM114：2

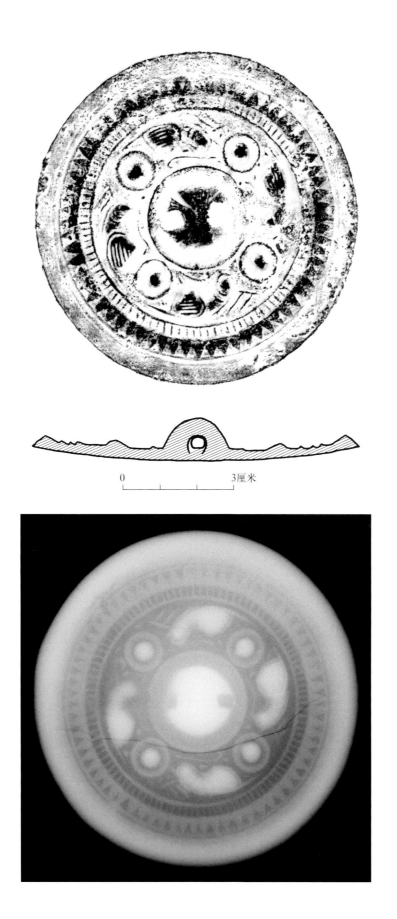

0 ───── 3厘米

图版六二　四乳禽鸟纹镜 2009HCNM114：2 拓片、剖面图、X 射线成像

四乳禽鸟纹镜

2009HBXM123：4

半球形钮，圆形钮座。钮座外即为主纹饰区，主纹饰区四乳丁之间有绕钮布列的四鸟，主纹饰为半浮雕状，主纹外有一周短斜线纹带和一周锯齿纹。素缘。直径9.3厘米。

图版六三　四乳禽鸟纹镜 2009HBXM123：4

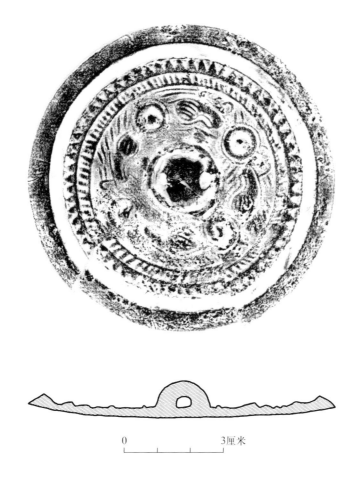

0   3厘米

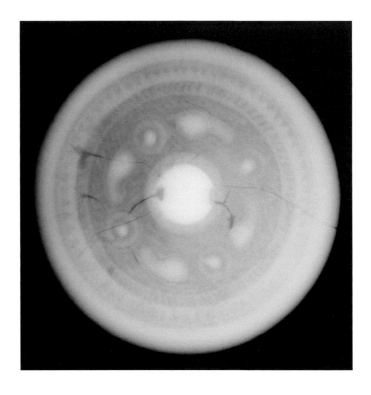

图版六四　四乳禽鸟纹镜 2009HBXM123：4 拓片、剖面图、X 射线成像

四乳人物画像镜

BM21：23

半球形钮，圆形钮座。钮座穿孔朝向两乳之间。钮座外即为主纹饰区，主纹饰四乳丁之间相对位置有对坐人物两对和奔兽两个。与穿孔相对的二乳丁间为对坐人物，非穿孔相对的为两奔兽。之外为铭文带，钮穿正对的一端起铭，为右旋读"[尚]方作镜自有己（纪），余（辟）去不羊宜古市，上有东[王]公[西]王母"。铭文圈外有一周短斜线纹带。锯齿纹、卷云纹缘。直径 13.5 厘米。

图版六五 四乳人物画像镜 BM21：23

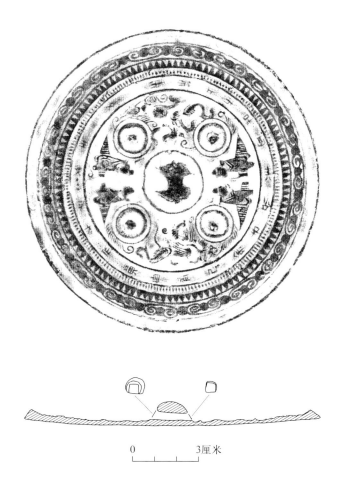

0 |___|___|___|___| 3厘米

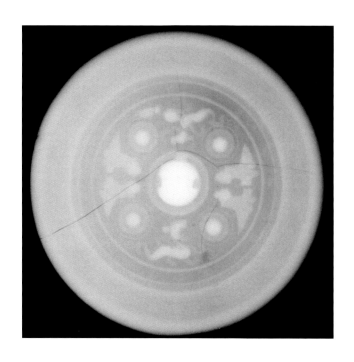

图版六六　四乳人物画像镜 BM21：23 拓片、剖面图、X 射线成像

四乳人物画像镜

CM2：19

半球形钮，圆形钮座。钮部穿孔方向正对二乳。主纹饰区四乳丁之间各有一端坐人物，主纹饰区外有一周短斜线纹带。锯齿纹缘。直径8.1厘米。

图版六七　四乳人物画像镜 CM2：19

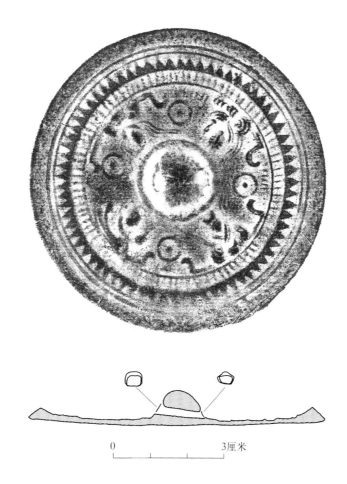

0   3厘米

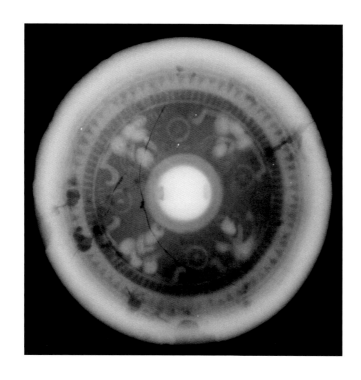

图版六八　四乳人物画像镜 CM2：19 拓片、剖面图、X 射线成像

四乳人物画像镜

2009HBZM53：6

半球形钮，圆形钮座。钮座外为等距离分布的一周连珠纹，之外为主纹饰区，主纹饰区四乳丁之间相对位置有对坐人物两对和仙禽神兽两个，与穿孔相对的为对坐人物，两组对坐人物之间由一列连珠纹分隔，非穿孔相对的是一只朱雀和一只奔兽。之外为铭文带，钮座正对的一端起铭，能辨别的为右旋读 "[尚] 方作镜自有己"，其余不辨。铭文外有一周短斜线纹带。锯齿纹、双线波折纹缘。直径 14.8 厘米。

图版六九　四乳人物画像镜 2009HBZM53：6

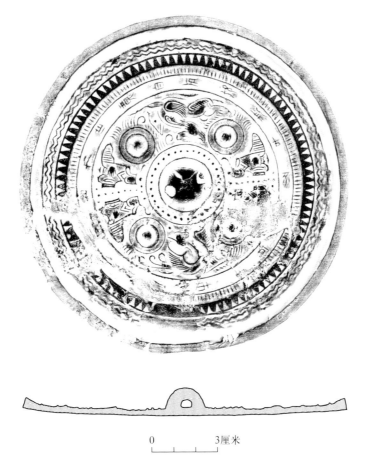

0　　　　3厘米

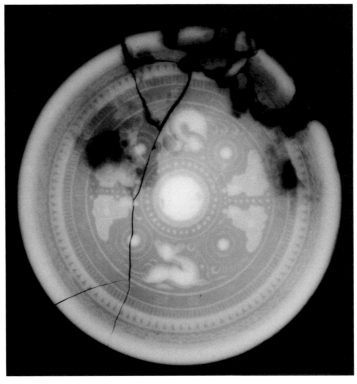

图版七〇　　四乳人物画像镜 2009HBZM53：6 拓片、剖面图、X 射线成像

四乳几何纹镜

2009HCNM120：3

半球形钮，圆形钮座。钮座外为主纹饰区，主纹饰区为四乳丁两两相对分布，乳丁之间为两条正反相对勾卷的弧线，当为简化禽鸟纹，乳丁已简化为圆圈内有一个圆点。之外为一周凹弦纹、一周短斜线纹带。锯齿纹缘。直径 7.4 厘米。

图版七一　四乳几何纹镜 2009HCNM120：3

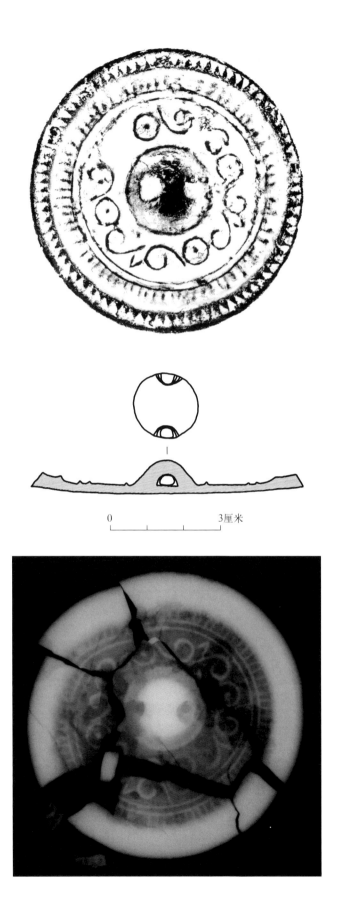

四乳几何纹镜

2009HMNM1：44

半球形钮，圆形钮座。钮座外为主纹饰区，主纹饰区四乳丁两两相对分布，四乳丁之间为两条正反相对勾卷的弧线，当为简化禽鸟纹，乳丁已简化为圆圈内有一个圆点。之外为两周短竖线纹带。直径 5.8 厘米。

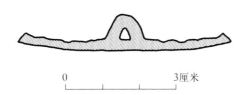

0   3厘米

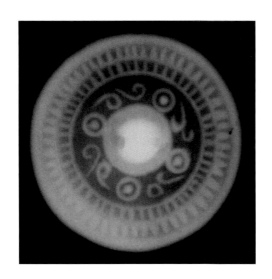

图版七四　四乳几何纹镜 2009HMNM1：44 拓片、剖面图、X 射线成像

五乳四神纹镜

AM57：25

半球形钮，圆形钮座。钮座外从内而外依次为弦纹、短直线和短弧线纹饰带、主纹饰区、铭文带、短直线纹带，主纹饰区五乳丁之间有四神和羽人（或似猴兽）。铭文带为从穿孔相对的乳丁上方起铭，铭文为右旋读"尚方作竟真大巧，上有山人不知老兮"，镜铭疏密不一，或本缺字，或笔画残缺。锯齿纹、弦纹、卷云纹三重纹饰缘。直径15.1厘米。

图版七五　五乳四神纹镜 AM57：25

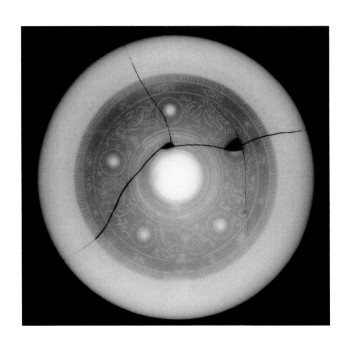

图版七六　五乳四神纹镜 AM57：25 拓片、剖面图、X 射线成像

五乳四神纹镜

CM2∶12

半球形钮，圆形钮座。钮座外纹饰从内而外依次为弦纹、间有短直线和小圆乳丁相间纹饰带、主纹饰区、铭文区、短直线纹带。主纹饰区为五乳丁之间有四神和另一兽。铭文带为从穿孔相对的乳丁上方起铭，为右旋读"尚方作竟大毋伤，上有奇虫辟不羊"。锯齿纹、双线凹弦纹、锯齿纹三重纹饰带缘。直径 15.1 厘米。

图版七七　五乳四神纹镜 CM2∶12

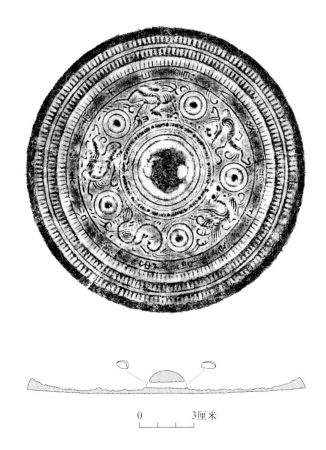

0　　　3厘米

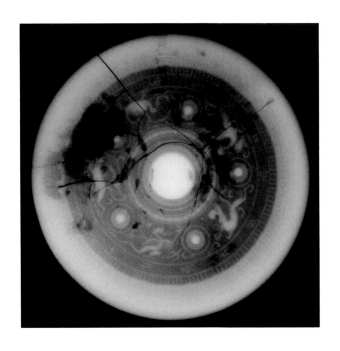

图版七八　五乳四神纹镜 CM2：12 拓片、剖面图、X 射线成像

五乳禽鸟纹镜

BM64：1

半球形钮，圆形钮座。钮座外即为主纹饰区，主纹饰为五乳丁之间有绕钮布列的五只鸟，鸟矮胖笨拙。主纹饰区外用辐射状的三条短直线分为四个区，间饰"－=－"纹，再外为短斜线纹带。锯齿纹缘。直径 7.2 厘米。

图版七九　五乳禽鸟纹镜 BM64：1

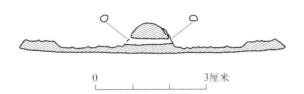

0　　　　　　　3厘米

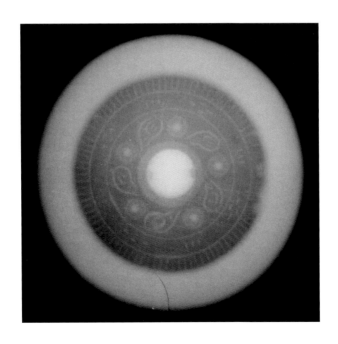

图版八〇　五乳禽鸟纹镜 BM64：1 拓片、剖面图、X 射线成像

五乳禽鸟纹镜

BM5：4

半球形钮，圆形钮座。钮座外为一周凸弦纹，钮座与凸弦之间有一周短横弧线。凸弦纹外为主纹饰区，主纹饰区五乳丁之间有五鸟。主纹饰区外用辐射状的双短直线和三短直线分为十个区，每区内各有"**-=-**"纹。最外为短直线纹带。锯齿纹缘，锯齿长而密集。直径8.8厘米。

图版八一　五乳禽鸟纹镜 BM5：4

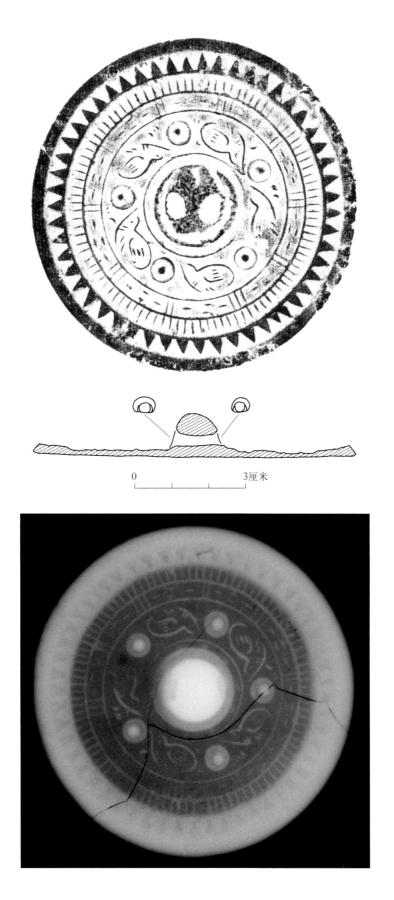

0   3厘米

图版八二　　五乳禽鸟纹镜 BM5：4 拓片、剖面图、X 射线成像

五乳几何纹镜

BM64：5

半球形钮，圆形钮座。钮座外纹饰从内而外依次为凸弦纹、主纹饰区、短直线纹带。主纹饰区五乳丁之间为两条正反相对勾卷的弧线，当为简化禽鸟纹，乳丁已简化为圆圈内有一圆点。锯齿纹缘。直径 7 厘米。

图版八三　五乳几何纹镜 BM64：5

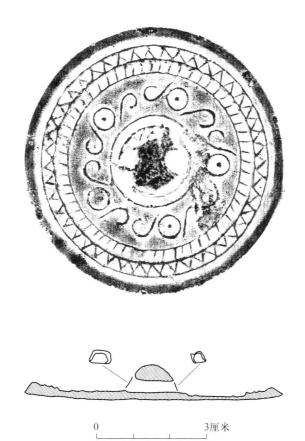

0　　　　　　　3厘米

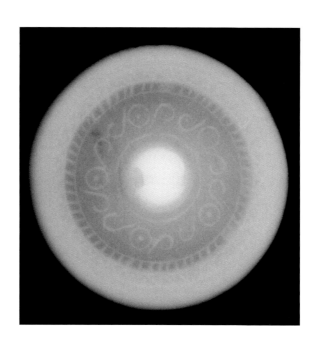

图版八四　五乳几何纹镜 BM64：5 拓片、剖面图、X 射线成像

七乳四神纹镜

AM21：30

半球形钮，圆形钮座。钮座外有九个绕钮的带座乳丁，之间有铭文和勾卷弧纹，铭文为"乐未央"。乳丁纹带外有两周较窄的凸弦纹，之间为铭文带，起铭位置在钮穿的正下方，首、尾以"："相隔，铭文为"上大山，见仙人，食玉英，饮礼泉，宜官秩，保子孙"。主纹饰区有七个六连弧纹的乳丁，之间绕钮左旋分布着羽人、朱雀、凤鸟、白虎、仙鹿、玄武、青龙。之外为一周短斜线纹带。锯齿纹、凸弦纹、卷云纹三重纹饰缘。直径 16.1 厘米。

图版八五　七乳四神纹镜 AM21：30

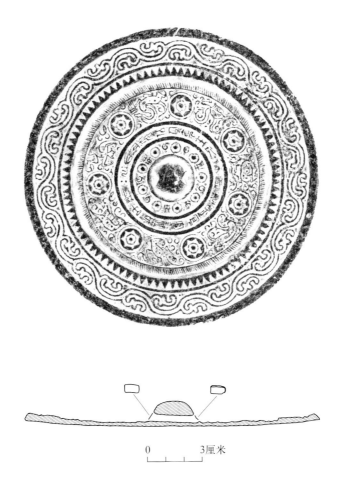

0 　　　3厘米

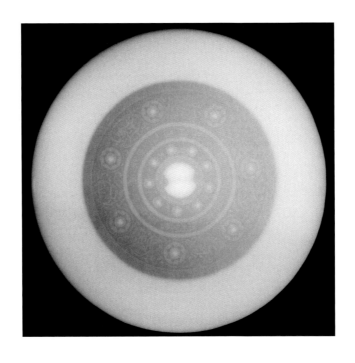

图版八六　七乳四神纹镜 AM21：30 拓片、剖面图、X 射线成像

七乳禽鸟纹镜

BM3：1

半球形钮，圆形钮座。钮座外有短弧线构成的
水涡纹，之外有一周凸弦纹和一周短斜线纹带。
主纹饰区为七个乳丁间各有一鸟。主纹饰区外
为短斜线纹带。锯齿纹、凸弦纹、卷云纹三重
纹饰缘。直径 11.7 厘米。

图版八七　七乳禽鸟纹镜 BM3：1

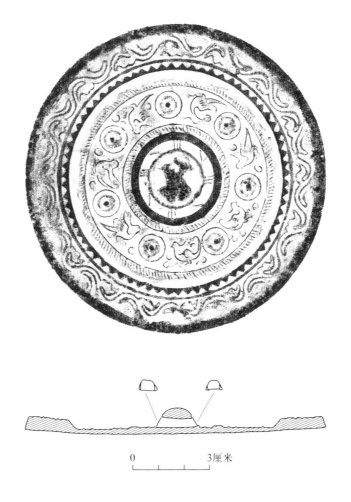

0　　　　　　3厘米

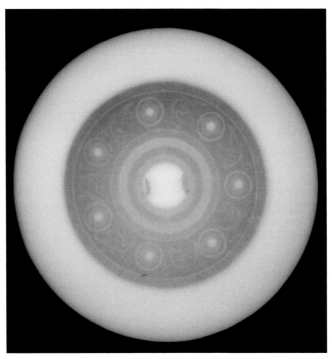

图版八八　七乳禽鸟纹镜 BM3：1 拓片、剖面图、X 射线成像

四神博局纹镜

AM22：5

半球形钮，扁桃形四叶钮座。钮座外有弦纹方格和双线方格，弦纹方格与双线方格间折绕十二带圆座乳丁及十二地支铭文，铭文为右旋读"子丑寅卯辰巳午未申酉戌亥"。主纹饰区为博局纹，由T、L、V分成四方八极，T形纹两侧各有一枚带圆座乳丁，四方八极内为四神，四神配置情况为：青龙配瑞鸟、朱雀配凤鸟、白虎配蟾蜍、玄武配羽人。主纹饰区外为铭文带、短斜线纹带，铭文为右旋读"尚方作竟真大巧，上有仙人不知老，渴饮玉泉饥食枣，知天下"，其间填卷云纹。外缘自内而外依次为锯齿纹、双线波折纹、锯齿纹三重纹饰带。直径17.6厘米。

图版八九　四神博局纹镜 AM22：5

0　　　　3厘米

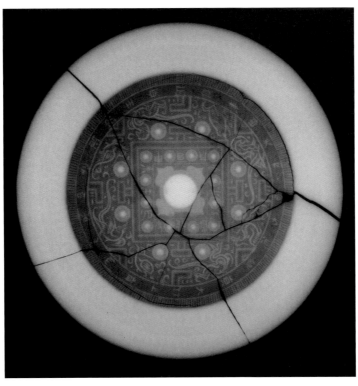

图版九〇　四神博局纹镜 AM22∶5 拓片、剖面图、X 射线成像

四神博局纹镜

AM59：1

半球形钮，扁桃形四叶钮座。钮座外有弦纹方格和双线方格，弦纹方格与双线方格间折绕十二带圆座乳丁及十二地支铭文，铭文为右旋读"子丑寅卯辰巳午未申酉戌亥"。主纹区由 T、L、V 分成四方八极，T 形纹两侧各有一枚带圆座乳丁，因锈蚀严重，四神图案模糊，隐约可见青龙配凤鸟，白虎和玄武所配纹饰不清。十二地支铭仅模糊可见右旋读"子丑□□辰巳□□□酉□亥"，外区铭文亦模糊，隐约可见为右旋读"□□□竟真大□上有山人不知老渴饮玉泉饥食枣"。铭文带外为短斜线纹带。外缘自内而外依次为锯齿纹、单线波折纹、锯齿纹三重纹饰带。镜正面破损。直径 16.5 厘米。

图版九一　四神博局纹镜 AM59：1

0   3厘米

图版九二　四神博局纹镜 AM59：1 拓片、剖面图、X 射线成像

四神博局纹镜

AM75:4

半球形钮,扁桃形四叶钮座。钮座外为双线方格,钮座四叶之间有一条短直线与双线方格相接,方格四角为花苞叶纹。主纹饰区由 T、L、V 分成四方八极,T 形纹两侧各有一枚带圆座乳丁,四方八极内为四神纹,四神配置情况为:青龙配蟾蜍、朱雀配凤鸟、白虎配鹿、玄武配羽人。主纹饰区外为铭文带和短斜线纹带,铭文带铭文为"善铜"铭:"新有善铜出丹阳,和以银锡清且明,左龙右虎掌四彭,朱雀玄武顺阴阳"。外缘自内而外依次为锯齿纹、双线水波纹、锯齿纹三重纹饰带。直径 14.1 厘米。

图版九三　四神博局纹镜 AM75:4

0   3厘米

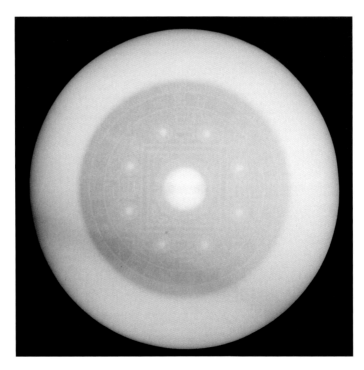

图版九四　四神博局纹镜 AM75：4 拓片、剖面图、X 射线成像

四神博局纹镜

AM43：38

半球形钮，扁桃形四叶钮座。钮座外为双线方格，钮座四叶之间有一条短直线与双线方格相接，方格四角有花苞叶纹。主纹饰区由 T、L、V 分成四方八极，四方八极内为四神纹，四神的配置情况为：青龙所配纹饰不清、朱雀配凤鸟、白虎配白虎、玄武配蛇，其余空间填卷云纹。主纹饰区外为短斜线纹带。外缘为一周锯齿纹和一周双线波折纹。镜缘缺一小角，似为有意破坏。直径 13.5 厘米。

图版九五　四神博局纹镜 AM43：38

0 ————— 3厘米

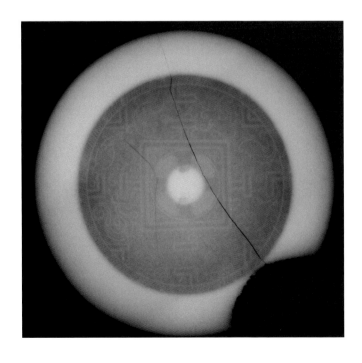

图版九六 四神博局纹镜 AM43∶38 拓片、剖面图、X 射线成像

四神博局纹镜

AM61:1

半球形钮,扁桃形四叶钮座。钮座外为双线方格。主纹饰区由 T、L、V 分成四方八极,四方八极内为四神纹,四神配置情况为:青龙配羽人、朱雀配瑞鸟、白虎配蟾蜍、玄武配蛇。主纹饰区外为短斜线纹带。外缘为一周双线齿纹,每两齿之间有一个圆点。直径 9.4 厘米。

图版九七　四神博局纹镜 AM61:1

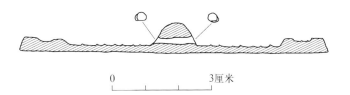

0   3厘米

图版九八　四神博局纹镜 AM61：1 拓片、剖面图、X 射线成像

四神博局纹镜

BM8：14

半球形钮，蝙蝠形四叶钮座。钮座外为双线方格，四叶中间向外伸出作"T"形，钮座外有弦纹方格和双线方格，弦纹方格与双线方格间每边饰三组短横线纹（每组四线，作"-=-"）、两组短竖线纹（每组三线）。主纹饰区由T、L、V分成四方八极，T形纹两侧有乳丁，四方八极内为四神纹，四神配置情况为：青龙配凤鸟、朱雀配角羊、白虎配蟾蜍、玄武（有龟无蛇）配羽人。主纹饰区外为铭文带，铭文为"尚方"铭："尚方作竟真大巧，上有山人不知老，渴"。铭文带外为短斜线纹带。外缘为两重锯齿纹带。镜正面破损。直径16厘米。

图版九九　四神博局纹镜 BM8：14

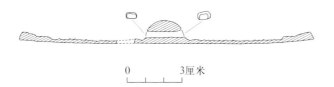

0　　　　3厘米

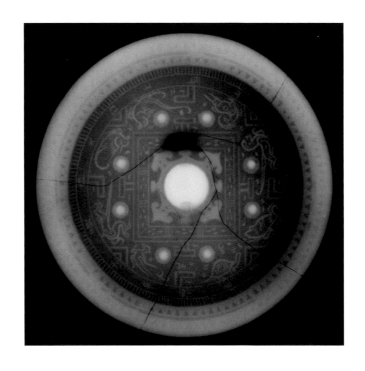

图版一〇〇　四神博局纹镜 BM8：14 拓片、剖面图、X 射线成像

四神博局纹镜

AM63：3

半球形钮，圆形钮座。钮座外为双线方格，双
线方格内四角为卷云纹，之外为主纹饰区，主
纹饰区由 T、L、V 分成四方八极，四方八极内
为四神纹，四神配置情况为：青龙配羽人、朱
雀（或称瑞鸟）配瑞鸟、白虎配蟾蜍、玄武配蛇。
主纹饰区外为短斜线纹带。外缘自内而外为锯
齿纹、双线齿纹两重纹饰带。直径 10.1 厘米。

图版一〇一　四神博局纹镜 AM63：3

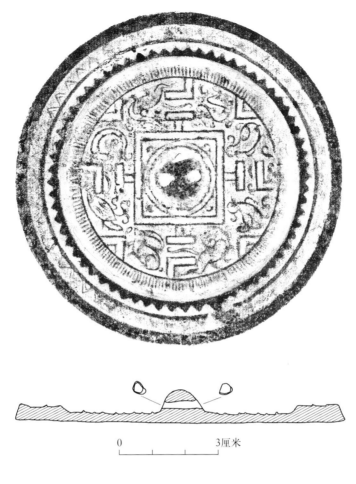

0　　　　　　　　3厘米

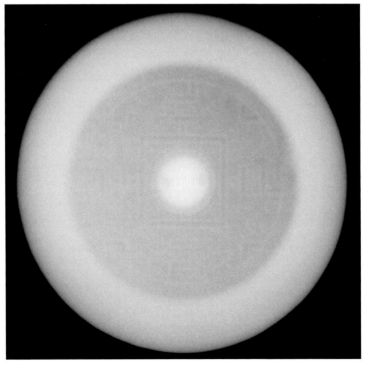

图版一〇二　四神博局纹镜 AM63：3 拓片、剖面图、X 射线成像

四神博局纹镜

BM25：1

半球形钮，圆形钮座。钮座外为双线方格，双线方格内四角为心形纹，之外为主纹饰区。主纹饰区由 T、L、V 分成四方八极，四方八极内为四神纹，四神占据四方，无其他搭配。主纹饰区外为短斜线纹带。外缘为锯齿纹、连续云藻纹两重纹饰带。直径 12.5 厘米。

图版一〇三　四神博局纹镜 BM25：1

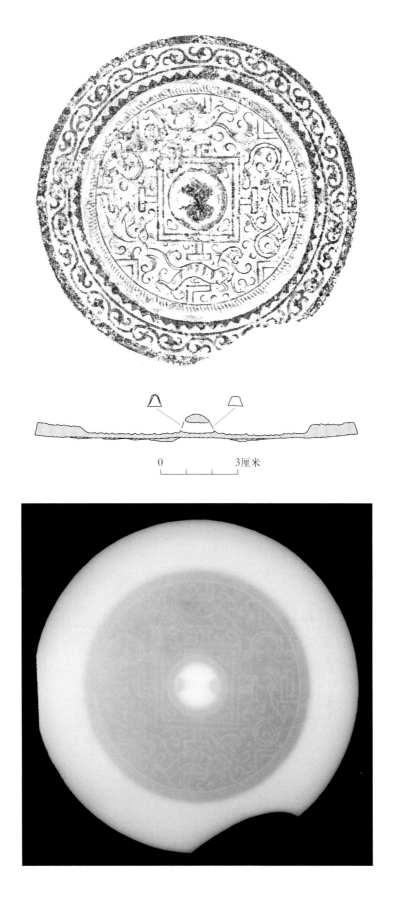

图版一〇四　四神博局纹镜 BM25：1 拓片、剖面图、X 射线成像

四神博局纹镜

AM23：8

半球形钮，圆形钮座。钮座外为双线方格，方格四角外侧各有一乳丁，方格外为主纹饰区。主纹饰区为乳丁与V形纹将主纹饰分为四区，T形纹和L形纹之间置四神。主纹饰区外为短斜线纹带。外缘为锯齿纹、双线三角纹。直径9.4厘米。

图版一〇五　四神博局纹镜 AM23：8

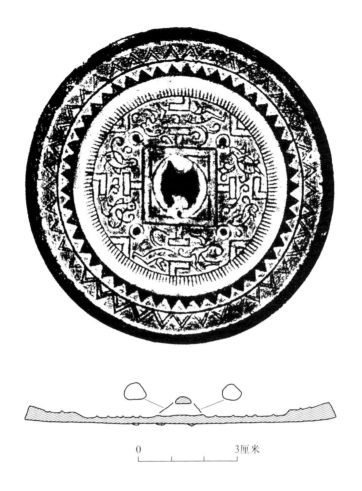

0   3厘米

图版一〇六　四神博局纹镜 AM23：8 拓片、剖面图、X 射线成像

四神博局纹镜

BM36：1

半球形钮，圆形钮座。钮座外有两周凸弦纹，弦纹内饰对称四组短弧线（每组两线），外有双线方格。方格外为主纹饰区，主纹饰由 T 形纹、圆座乳丁分成四方八极，四神居四方，无配饰，其余空间填卷云纹。主纹饰区外为短直线纹带。外缘为锯齿纹、双线波折纹两重纹饰带。直径 10.3 厘米。

图版一○七　四神博局纹镜 BM36：1

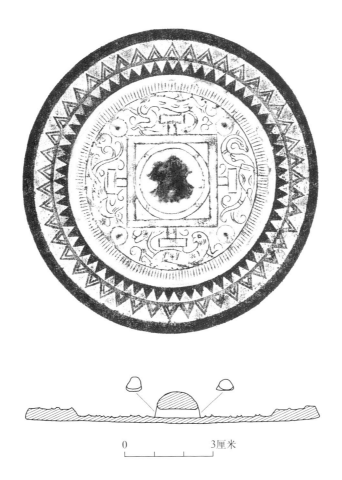

0　　　　　3厘米

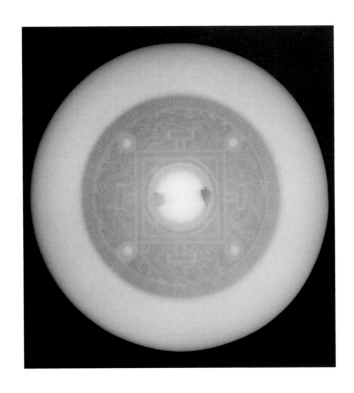

图版一〇八　四神博局纹镜 BM36：1 拓片、剖面图、X 射线成像

禽鸟博局纹镜

AM28：2

半球形钮，扁桃形四叶钮座。钮座外为双线方格，双线方格内为带圈座乳丁及十二地支铭文，十二地支铭布列于十二乳丁之间，起始位置正对钮穿："子丑寅卯辰巳午未申酉戌亥"。主纹饰区为T、L、V形纹和乳丁间饰相背八只鸟纹。主纹饰区外为铭文带，起铭位置正对钮穿："[尚]方作竟[真][大][巧]，[上]有仙人不知老，渴[饮][玉]泉饥食[枣]"。主纹饰区外为一周短斜线纹带。外缘为锯齿纹、凸弦纹和锯齿纹三重纹饰带。直径16.4厘米。

图版一〇九 禽鸟博局纹镜 AM28：2

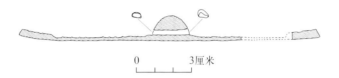

0　　　　3厘米

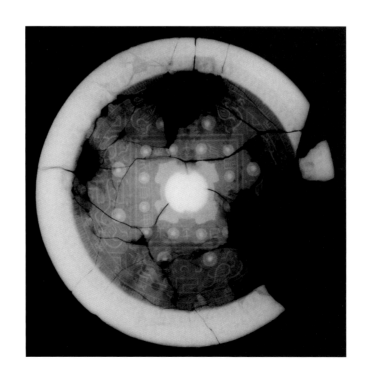

图版一一〇　禽鸟博局纹镜 AM28：2 拓片、剖面图、X 射线成像

禽鸟博局纹镜

AM38：1

半球形钮，扁桃形四叶钮座。钮座外为双线方格，双线方格内有十二个带圈座乳丁及十二地支铭，十二地支铭文的起始位置正对钮穿："子丑寅卯辰巳午未申酉戌亥"，十二地支布列于十二个乳丁之间。方格外为主纹饰区，为 T、L、V 形纹和乳丁，间饰相背八鸟。主纹饰区外为铭文带，起铭位置正对钮穿，字为反书："尚方作竟真大巧，上有仙人不知老，渴饮玉泉饥食石兮"。主纹饰区与缘之间有一周短直线纹带。外缘为锯齿纹、凸弦纹、水波纹、锯齿纹四重纹饰带。直径 16.4 厘米。

图版一一一　　禽鸟博局纹镜 AM38：1

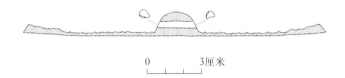

0   3厘米

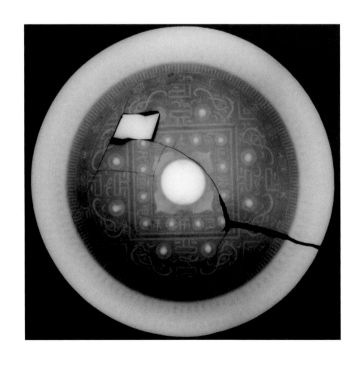

图版一一二　禽鸟博局纹镜 AM38：1 拓片、剖面图、X 射线成像

禽鸟博局纹镜

AM23：4

半球形钮，扁桃形四叶钮座。钮座外有双线方格。方格外为主纹饰区，方格外近角处各有一个乳丁，乳丁间为 T、L、V 形纹，其中 T 形纹呈"米"字形，每个乳丁外有一禽鸟。主纹饰区外有一周短斜线纹带。外缘为锯齿纹和双线三角纹两重纹饰带。直径 11.6 厘米。

图版一一三　禽鸟博局纹镜 AM23：4

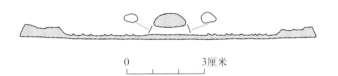

0　　　　　3厘米

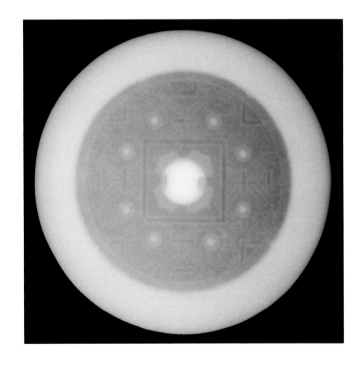

图版一一四　禽鸟博局纹镜 AM23：4 拓片、剖面图、X 射线成像

禽鸟博局纹镜

AM45：11

半球形钮，圆形钮座。钮座外为双线方格，方格四内角各有一个圆点。方格外为主纹饰区，有 T、L、V 形纹和乳丁，V 形纹两侧有相对八鸟。主纹饰区与缘之间有一周短斜线纹带。外缘为锯齿纹、弦纹、变形卷云纹三重纹饰带。直径 10.7 厘米。

图版一一五　禽鸟博局纹镜 AM45：11

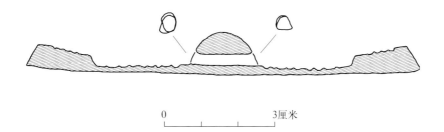

图版——六　禽鸟博局纹镜 AM45：11 拓片、剖面图

禽鸟博局纹镜

BM11：2

半球形钮，圆形钮座。钮座外为双线方格，方格内角各有一条短弧线。方格外为主纹饰区，有 T、L、V 形纹，无乳丁，V 形纹两侧有相背八鸟，鸟纹刻画较为随意。主纹饰区与缘之间有一周短斜线纹带。外缘为两重锯齿纹。直径 10.2 厘米。

图版一一七　禽鸟博局纹镜 BM11：2

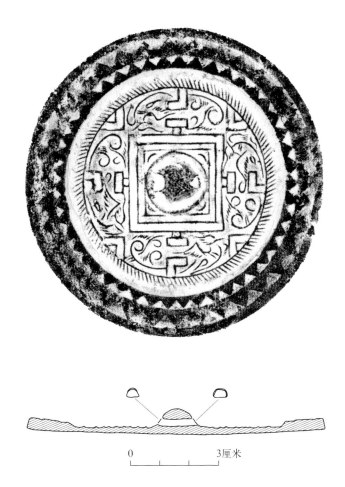

0   3厘米

图版一一八　禽鸟博局纹镜 BM11：2 拓片、剖面图、X 射线成像

禽鸟博局纹镜

AM58：11

半球形钮，圆形钮座。钮座外为双线方格，钮座与双线方格之间的空间较大。双线方格外为主纹饰区，主纹饰区有四个乳丁，四乳丁两侧有背立二鸟。主纹饰区与缘之间由内而外有两周弦纹和一周短直线纹带。外缘为锯齿纹、凸弦纹和锯齿纹三重纹饰带。直径 10.8 厘米。

图版一一九　禽鸟博局纹镜 AM58：11

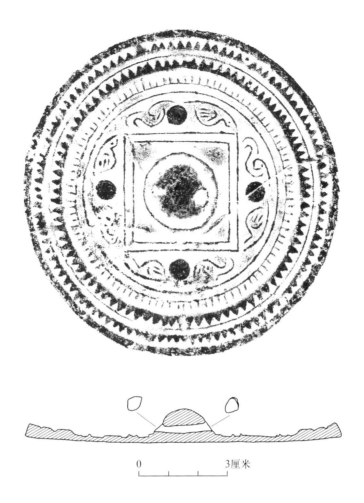

0   3厘米

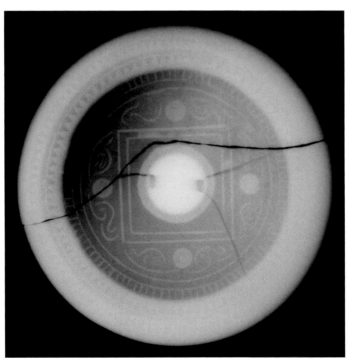

图版一二〇　禽鸟博局纹镜 AM58：11 拓片、剖面图、X 射线成像

禽鸟博局纹镜

BM72：22

半球形钮，圆形钮座。钮座外为双线方格，钮座与双线方格之间的空间较大。双线方格外为主纹饰区，主纹饰区有四个乳丁，四乳丁两侧有对立二鸟。主纹饰区与缘之间由内而外有两周弦纹和一周短直线纹带。外缘为锯齿纹、凸弦纹和锯齿纹三重纹饰带。直径 11.7 厘米。

图版一二一　禽鸟博局纹镜 BM72：22

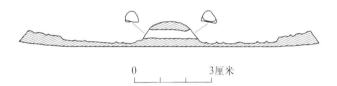

0   3厘米

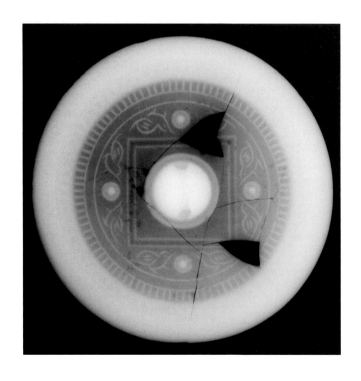

图版一二二　禽鸟博局纹镜 BM72∶22 拓片、剖面图、X 射线成像

简式博局纹镜

AM34：5

半球形钮，圆形钮座。钮座外为双线方格，双线方格的四角为四乳丁所压，四方各有一 T 形纹，T 形纹两侧有纹饰，纹饰漫漶不清，之外为一周短斜线纹带。锯齿纹缘。直径 6.5 厘米。

图版一二三　简式博局纹镜 AM34：5

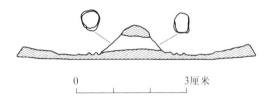

0   3厘米

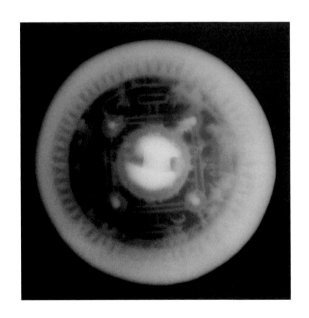

图版一二四　简式博局纹镜 AM34：5 拓片、剖面图、X 射线成像

简式博局纹镜

BM63：33

半球形钮，圆形钮座。钮座外有四个 T 形纹，四个 T 形纹之间各有一个乳丁，T 形纹两侧各有一勾弧纹，之外为一周短直线纹带。锯齿纹缘。直径 6.5 厘米。

图版一二五　简式博局纹镜 BM63：33

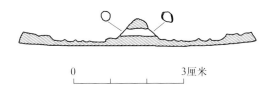

0 　　　　　　3厘米

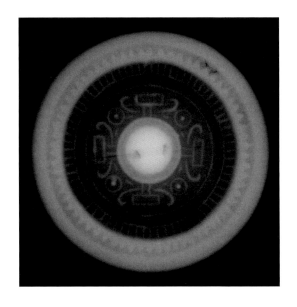

图版一二六　简式博局纹镜 BM63：33 拓片、剖面图、X 射线成像

简式博局纹镜

BM76：2

半球形钮，圆形钮座。钮座外有两周凸弦纹，之外有四个"▭"和四个乳丁，间有简易鸟纹各一个，之外为一周短斜线纹带。锯齿纹缘。直径6.5厘米。

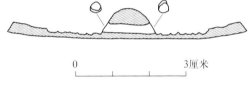

0　　　　　　　　3厘米

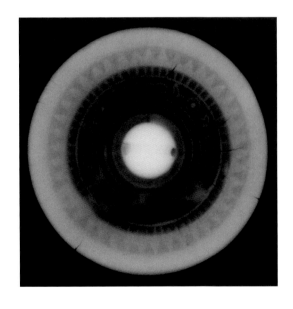

图版一二八　简式博局纹镜 BM76：2 拓片、剖面图、X 射线成像

简式博局纹镜

CM3：19

半球形钮，圆形钮座。钮座外有一周凸弦纹，之外为双线方格。双线方格内角有山字形纹各一个，四方各有一T形纹，T形纹两侧各有一个乳丁和两组对称的三条或四条短弧线，之外为一周短直线纹带。锯齿纹、凸弦纹和锯齿纹三重缘。直径7.3厘米。

图版一二九　简式博局纹镜 CM3：19

0　　　　　　　3厘米

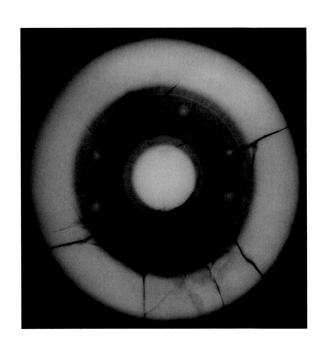

图版一三〇　简式博局纹镜 CM3：19 拓片、剖面图、X 射线成像

简式博局纹镜

CM6：1

半球形钮，圆形钮座。钮座外为双线方格，四方各有一"▭"，两侧各有一个乳丁，之外为一周短直线纹带。锯齿纹缘。直径6.7厘米。

图版一三一　简式博局纹镜 CM6：1

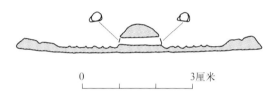

0   3厘米

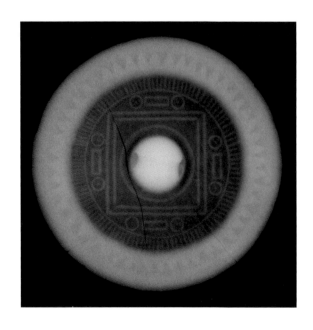

图版一三二　简式博局纹镜 CM6：1 拓片、剖面图、X 射线成像

简式博局纹镜

CM20：1

半球形钮，圆形钮座。钮座外有四个 T 形纹，T 形纹之间各有一乳丁，T 形纹两侧各有一勾弧纹，之外为两周凸弦纹和一周短直线纹带。素缘。直径 7.3 厘米。

图版一三三　简式博局纹镜 CM20：1

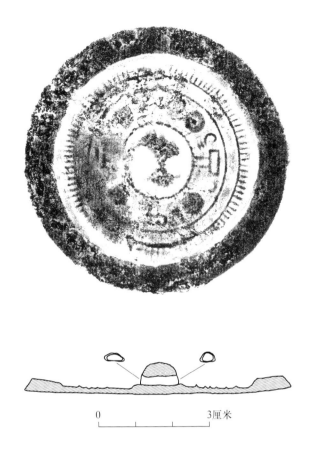

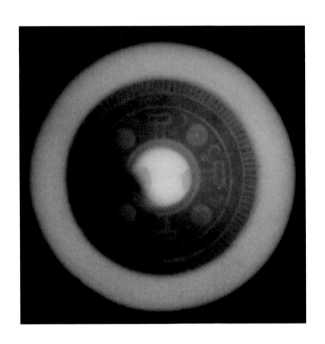

图版一三四　简式博局纹镜 CM20：1 拓片、剖面图、X 射线成像

简式博局纹镜

2009HBZM49：7

半球形钮、圆形钮座。钮座外为主纹饰区，主纹饰区纹饰漫漶不清，仅能看出 T 形纹，之外为一周宽凹弦纹，再外为竖直线纹带和锯齿纹带。素缘。直径 6.5 厘米。

图版一三五　简式博局纹镜 2009HBZM49：7

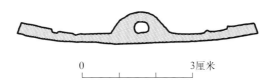

0　　　　　　　　　3厘米

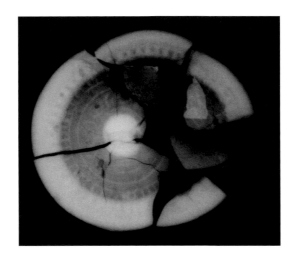

图版一三六　　简式博局纹镜 2009HBZM49：7 拓片、剖面图、X 射线成像

简式博局纹镜

2009HBZM61：1

半球形钮，圆形钮座。钮座外有四个 T 形纹，T 形纹之间各有一个乳丁，T 形纹两侧各有一个勾弧纹，之外为一周短直线纹带。锯齿纹缘。直径 7.3 厘米。

图版一三七　简式博局纹镜 2009HBZM61：1

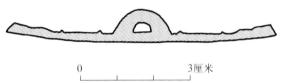

0　　　　　　　　3厘米

图版一三八　简式博局纹镜 2009HBZM61：1 拓片、剖面图、X 射线成像

简式博局纹镜

2009HBZM82：2

半球形钮，圆形钮座。钮座外为双线方格，方格内四角各有一个乳丁。方格外为主纹饰区，四方各有一个 T 形纹，T 形纹两侧有纹饰，但漫漶不清。主纹饰区与缘之间由内向外依次有两周弦纹和一周短直线纹带。锯齿纹、凸弦纹和双线波折纹三重缘。直径 11.7 厘米。

图版一三九　简式博局纹镜 2009HBZM82：2

0   3厘米

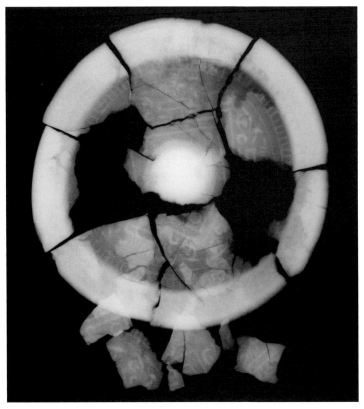

图版一四○　简式博局纹镜 2009HBZM82：2 拓片、剖面图、X 射线成像

简式博局纹镜

2009HCNM116：2

半球形钮，圆形钮座。钮座外为单线方格，方格四角有四条斜线将其等分为四部分，之外为一周短直线纹带，直线纹带与方格之间等距离分布有四个 T 形纹。素缘。直径 6 厘米。

图版一四一　简式博局纹镜 2009HCNM116：2

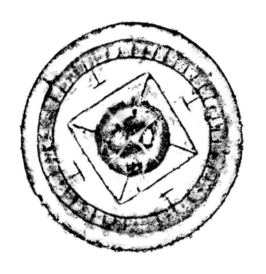

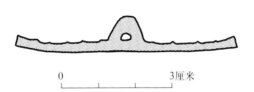

0　　　　　3厘米

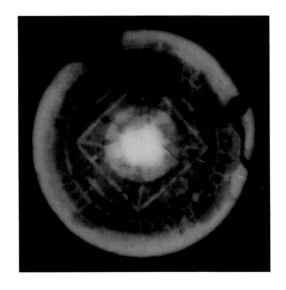

图版一四二　简式博局纹镜 2009HCNM116：2 拓片、剖面图、X 射线成像

简式博局纹镜

2010HCNM131：2

半球形钮，圆形钮座。钮穿孔朝向两乳。钮座外有四个T形纹，T形纹之间各有一个乳丁，T形纹两侧各有一外卷勾弧纹，之外为一周短直线纹带。锯齿纹缘。直径9.1厘米。

图版一四三　简式博局纹镜 2010HCNM131：2

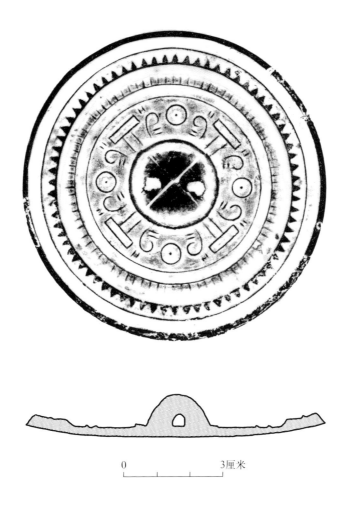

0   3厘米

图版一四四　简式博局纹镜 2010HCNM131：2 拓片、剖面图、X 射线成像

简式龙虎博局纹镜

AM22：3

半球形钮，圆形钮座。钮座外有一周短斜线纹带，之外为主纹饰区。主纹饰区由四个V形纹分为四区，四区内有二龙二虎环列，之外为一周短斜线纹带。锯齿纹缘。直径9.2厘米。

图版一四五　简式龙虎博局纹镜 AM22：3

0　　　　　3厘米

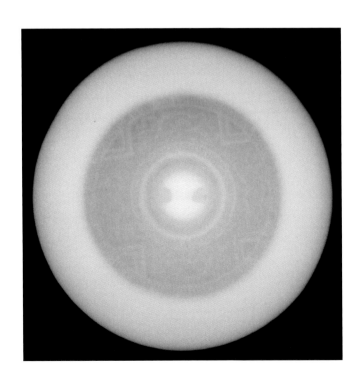

图版一四六　简式龙虎博局纹镜 AM22：3 拓片、剖面图、X 射线成像

云雷纹镜

AM59：2

半球形钮，圆形钮座。钮座外为重圈弦纹，重圈弦纹上有等距离分布的四个云雷纹，之外为一周短直线纹带。锯齿纹、凸弦纹两重纹饰缘。直径9厘米。

图版一四七　云雷纹镜 AM59：2

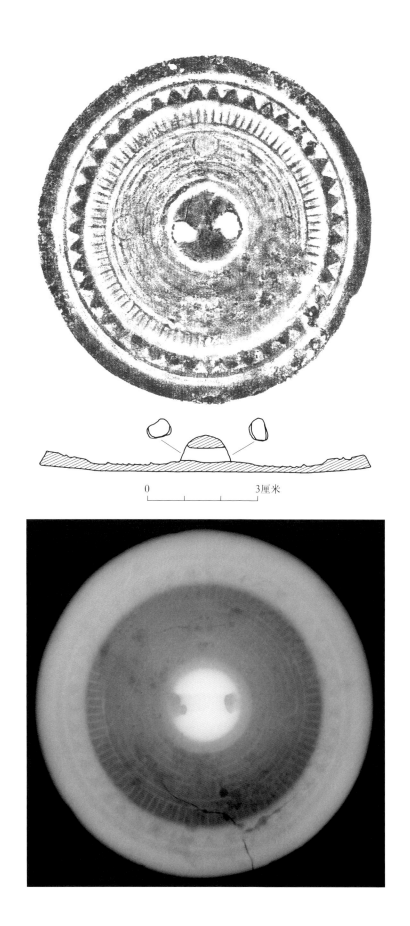

图版一四八　云雷纹镜 AM59：2 拓片、剖面图、X 射线成像

云雷纹镜

CM19：1

半球形钮，圆形钮座。钮座外有一周短斜线纹带，之外为重圈弦纹带，重圈弦纹上距离分布有五组三条短竖直线纹，重圈弦纹之外为一周短斜线纹带。锯齿纹、凸弦纹两重纹饰缘。直径6.8厘米。

图版一四九　云雷纹镜 CM19：1

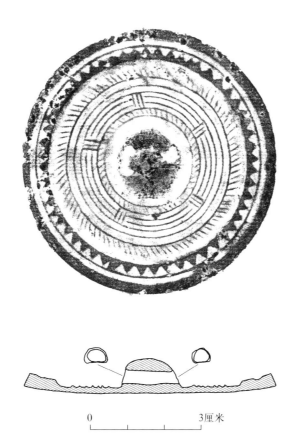

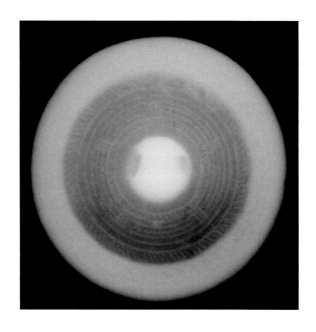

图版一五〇　云雷纹镜 CM19：1 拓片、剖面图、X 射线成像

云雷铭文连弧纹镜

BM63：29

半球形钮，宝珠形四叶钮座。钮座与八连弧纹
之间有一周宽凸弦纹，八连弧内角有山字形和
凸起物相间纹饰，八连弧纹外为一周短斜线纹
带，之外为重圈弦纹，重圈弦纹上等距离分布
有八个云雷纹，与八连弧内角相对，重圈弦纹
带与缘之间还有一周短斜线纹带。钮座四叶之
间各有一铭，为右旋读"长宜子孙"。素缘。
直径 19.8 厘米。

图版一五一 云雷铭文连弧纹镜 BM63：29

0   3厘米

图版一五二　云雷铭文连弧纹镜 BM63：29 拓片、剖面图、X 射线成像

云雷铭文连弧纹镜

BM9：5

半球形钮，宝珠形四叶钮座。钮座与八连弧纹之间由内而外为一周短斜线纹带和一周宽凸弦纹，八连弧内角有四个相间分布的花瓣纹，八连弧纹外为一周短斜线纹带，之外为重圈弦纹，重圈弦纹上等距离分布有八个云雷纹，与八连弧内角相对，重圈弦纹与缘之间还有一周短斜线纹带。钮座四叶之间各有一铭，为右旋读"长宜子孙"。缘为锯齿纹、凸弦纹和卷云纹各一周。直径17.2厘米。

图版一五三　云雷铭文连弧纹镜 BM9：5

0　　　　　3厘米

图版一五四　云雷铭文连弧纹镜 BM9：5 拓片、剖面图、X 射线成像

云雷铭文连弧纹镜

AM36：6

半球形钮，扁桃形四叶钮座。钮座与八连弧纹之间由内而外为一周短斜线纹带和一周宽凸弦纹。八连弧内角为花瓣纹和山字形纹相间，八连弧外为一周短斜线纹带，之外为重圈弦纹带，重圈弦纹上等距离分布有八个云雷纹，与八连弧内角相对，重圈弦纹带与缘之间还有一周短斜线纹带。钮座四叶之间各有一铭，为右旋读"长宜子孙"。素缘。直径 19 厘米。

图版一五五　云雷铭文连弧纹镜 AM36：6

0　　3厘米

图版一五六　云雷铭文连弧纹镜 AM36：6 拓片、剖面图、X 射线成像

云雷铭文连弧纹镜

AM39：3

半球形钮，扁桃形四叶钮座。钮座与八连弧纹之间由内而外为一周短斜线纹带和一周宽凸弦纹。八连弧内角各有花瓣纹和山字形纹相间，八连弧外为一周短斜线纹带，之外为重圈弦纹带，重圈弦纹上等距离分布有八个云雷纹，与八连弧内角相对，重圈弦纹带与缘之间还有一周短斜线纹带。钮座四叶之间各有一铭，为右旋读"长宜子孙"。素缘。直径 18.8 厘米。

图版一五七 云雷铭文连弧纹镜 AM39：3

0　　　　3厘米

图版一五八　云雷铭文连弧纹镜 AM39：3 拓片、剖面图、X 射线成像

云雷铭文连弧纹镜

AM45：1

半球形钮，扁桃形四叶钮座。钮座与八连弧纹之间由内而外为一周短斜线纹带和一周宽凸弦纹，八连弧内角为花瓣纹和山字形纹相间，八连弧外为一周短斜线纹带，之外为重圈弦纹带，重圈弦纹上等距离分布有八个云雷纹，与八连弧内角相对，重圈弦纹带与缘之间还有一周短斜线纹带。钮座四叶之间各有一铭，为右旋读"长宜子孙"。素缘。直径 26 厘米。

图版一五九　云雷铭文连弧纹镜 AM45：1

0 　　 3厘米

图版一六〇　　云雷铭文连弧纹镜 AM45：1 拓片、剖面图

云雷铭文连弧纹镜

BM24：1

半球形钮，扁桃形四叶钮座。钮座与八连弧纹之间由内而外为一周短斜线纹带和一周宽凸弦纹。八连弧外为一周短斜线纹带，之外为重圈弦纹带，重圈弦纹带上等距离分布有八个云雷纹，与八连弧内角相对。重圈弦纹带与缘之间还有一周短斜线纹带。钮座四叶之间各有一铭，为右旋读"长宜子孙"；八连弧内角各有一铭，以与穿孔正对的"长"字下方起铭，为右旋读"寿如金石，佳且好兮"。素缘。直径 20 厘米。

图版一六一　云雷铭文连弧纹镜 BM24：1

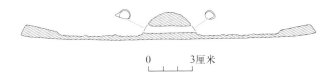

0　　　3厘米

图版一六二　云雷铭文连弧纹镜 BM24：1 拓片、剖面图、X 射线成像

云雷铭文连弧纹镜

AM46：10

半球形钮，扁桃形四叶钮座。钮座与八连弧纹之间由内而外为一周短斜线纹带和一周宽凸弦纹。八连弧外为一周短斜线纹带，之外为重圈弦纹带，重圈弦纹上等距离分布有八个云雷纹，与八连弧内角相对。重圈弦纹带与缘之间还有一周短斜线纹带。钮座四叶之间各有一铭，为右旋读"长宜子孙"；八连弧内角各有一铭，与钮穿孔正对的"长"字下方起铭，为右旋读"寿如金石，佳且好兮"。素缘。直径 15.7 厘米。

图版一六三　云雷铭文连弧纹镜 AM46：10

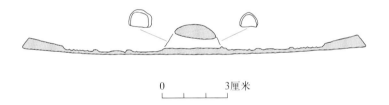

0 3厘米

图版一六四　云雷铭文连弧纹镜 AM46：10 拓片、剖面图

云雷铭文连弧纹镜

AM46：14

半球形钮，扁桃形四叶钮座。钮座与八连弧纹之间有一周宽凸弦纹。八连弧外为一周短斜线纹带，之外为重圈弦纹带，重圈弦纹上等距离分布有六个云雷纹。重圈弦纹带与缘之间还有一周短斜线纹带。钮座四叶之间各有一铭，为左旋读"长宜子孙"；八连弧内角各有一铭，与钮穿孔正对的"孙"字下方起铭，为右旋读"寿如金石，佳且好兮"。素缘。直径18.2厘米。

图版一六五　云雷铭文连弧纹镜 AM46：14

0 ⊢—┴—⊣ 3厘米

图版一六六　云雷铭文连弧纹镜 AM46：14 拓片、剖面图

云雷铭文连弧纹镜

2009HBLM31：1

半球形钮，扁桃形四叶钮座。钮座与八连弧之间由内而外为一周短斜线纹带和一周宽凸弦纹，八连弧内角为花瓣纹和山字形纹相间，八连弧外为一周短斜线纹带，之外为重圈弦纹带，重圈弦纹上等距离分布有八个云雷纹，与八连弧内角相对。重圈弦纹带与缘之间还有一周短斜线纹带。钮座四叶之间各有一铭，为左旋读"长宜子孙"。素缘。直径17.3厘米。

图版一六七　云雷铭文连弧纹镜 2009HBLM31：1

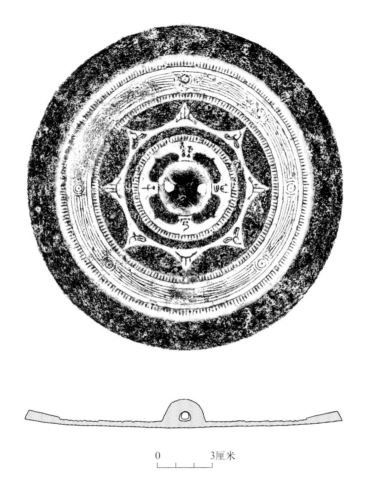

0   3厘米

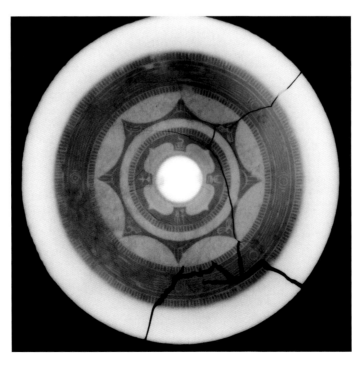

图版一六八　云雷铭文连弧纹镜 2009HBLM31：1 拓片、剖面图、X 射线成像

云雷无铭连弧纹镜

BM8：18

半球形钮，扁桃形四叶钮座。钮座与内向八连
弧之间有一周凸弦纹，之外为内向八连弧纹，
八连弧外有一周短斜线纹带，之外为重圈弦纹
带，重圈弦纹上等距离分布有八个云雷纹，与
八连弧内角相对，重圈弦纹带与缘之间还有一
周短斜线纹带。素缘。直径 11 厘米。

图版一六九　云雷无铭连弧纹镜 BM8：18

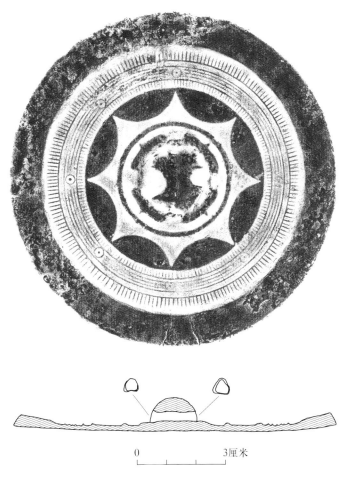

0   3厘米

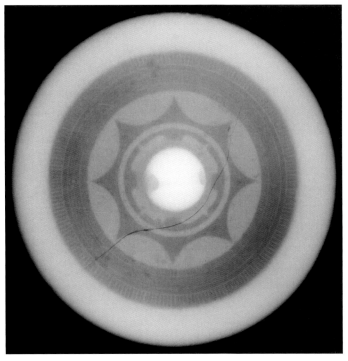

图版一七〇　云雷无铭连弧纹镜 BM8：18 拓片、剖面图、X 射线成像

云雷无铭连弧纹镜

2009HBDM10：2

半球形钮、扁桃形四叶钮座。四叶间相间分布
有四个乳丁，之外有一周凸弦纹带，再外为内
向八连弧纹，八连弧内角各有一乳丁，内向八
连弧纹与缘之间有重圈弦纹带和短斜线纹带。
素缘。直径14厘米。

图版一七一　云雷无铭连弧纹镜 2009HBDM10：2

0   3厘米

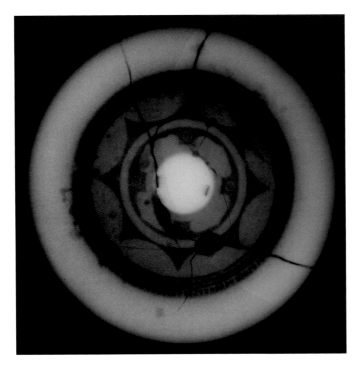

图版一七二　云雷无铭连弧纹镜 2009HBDM10：2 拓片、剖面图、X 射线成像

云雷无铭连弧纹镜

BM5：1

半球形钮，圆形钮座。钮座外有一周凸弦纹，之外为内向八连弧纹，八连弧外为重圈弦纹带，重圈弦纹上等距离分布有八个云雷纹，与八连弧内角相对，重圈弦纹带与缘之间还有一周短斜线纹带。素缘。直径 9.5 厘米。

图版一七三　云雷无铭连弧纹镜 BM5：1

0   3厘米

图版一七四　云雷无铭连弧纹镜 BM5：1 拓片、剖面图、X 射线成像

云雷无铭连弧纹镜

BM17:8

半球形钮，圆形钮座。钮座与八连弧纹之间有一周宽凸弦纹，弦纹外为内向八连弧纹，之外为重圈弦纹带，重圈弦纹上等距离分布有八个云雷纹，与八连弧内角相对。重圈弦纹带与缘之间还有一周短斜线纹带。素缘。直径9.2厘米。

图版一七五　云雷无铭连弧纹镜 BM17:8

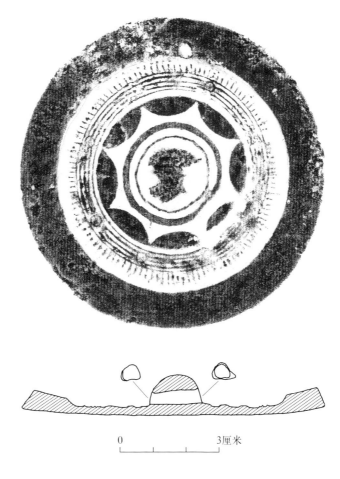

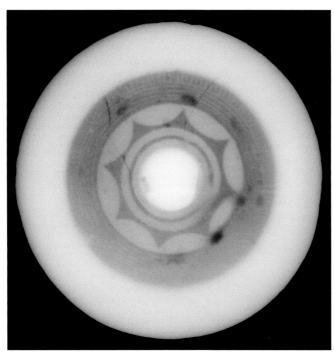

图版一七六　云雷无铭连弧纹镜 BM17：8 拓片、剖面图、X 射线成像

云雷无铭连弧纹镜

CM3：9

半球形钮，圆形钮座。钮座外为一周凸弦纹，弦纹外为内向八连弧纹，之外为重圈弦纹带，重圈弦纹上等距离分布有八个云雷纹，与八连弧内角相对，重圈弦纹带与缘之间还有一周短斜线纹带。素缘。直径 9.6 厘米。

图版一七七　云雷无铭连弧纹镜 CM3：9

0   3厘米

图版一七八　云雷无铭连弧纹镜 CM3：9 拓片、剖面图、X 射线成像

云雷无铭连弧纹镜

2009HMLM74：1

半球形钮，圆形钮座。钮座外为一周宽凸弦纹，之外为内向八连弧纹，八连弧外为一周短斜线纹带，之外为重圈弦纹带，重圈弦纹上等距离分布有八个云雷纹，与八连弧内角相对，重圈弦纹带与缘之间还有一周短斜线纹带。素缘。直径11厘米。

图版一七九　云雷无铭连弧纹镜 2009HMLM74：1

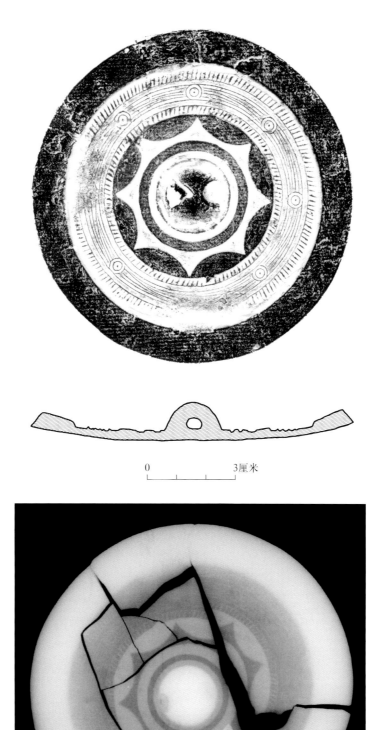

0 　　　　　　3厘米

图版一八〇　　云雷无铭连弧纹镜 2009HMLM74：1 拓片、剖面图、X 射线成像

云雷无铭连弧纹镜

AM32：1

半球形钮，圆形钮座。钮座外有一周凸弦纹，之外为内向八连弧纹，内向连弧纹与缘之间有重圈弦纹带和短斜线纹带。素缘。直径 10.8 厘米。

图版一八一　云雷无铭连弧纹镜 AM32：1

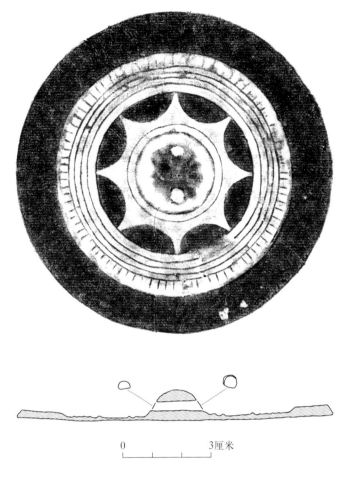

0　　　　　　3厘米

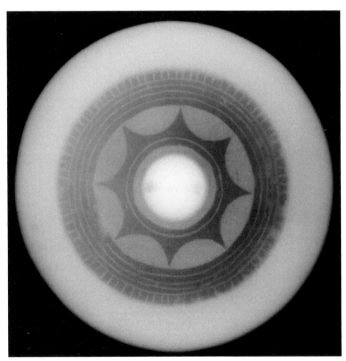

图版一八二　云雷无铭连弧纹镜 AM32：1 拓片、剖面图、X 射线成像

云雷无铭连弧纹镜

AM57：27

半球形钮，圆形钮座。钮座外有一周凸弦纹，之外为内向八连弧纹，连弧纹与缘之间有重圈弦纹带和短斜线纹带。素缘。直径9.2厘米。

图版一八三　云雷无铭连弧纹镜 AM57：27

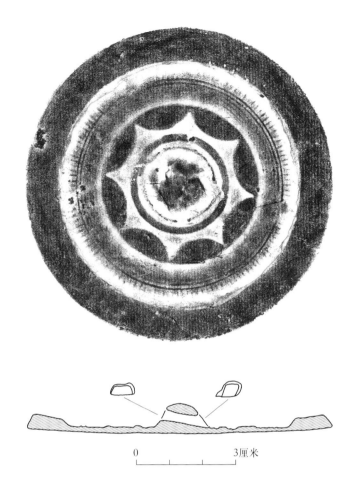

0　　　　　3厘米

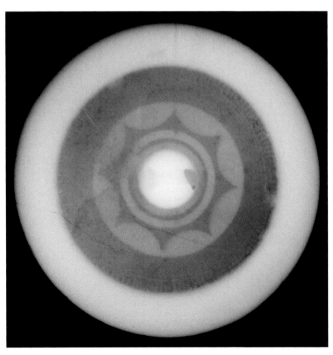

图版一八四　云雷无铭连弧纹镜 AM57：27 拓片、剖面图、X 射线成像

云雷无铭连弧纹镜

CM12：12

半球形钮，圆形钮座。钮座外为一周凸弦纹，之外为内向八连弧纹，连弧纹与缘之间有重圈弦纹带和短斜线纹带。素缘。直径9厘米。

图版一八五　云雷无铭连弧纹镜 CM12：12

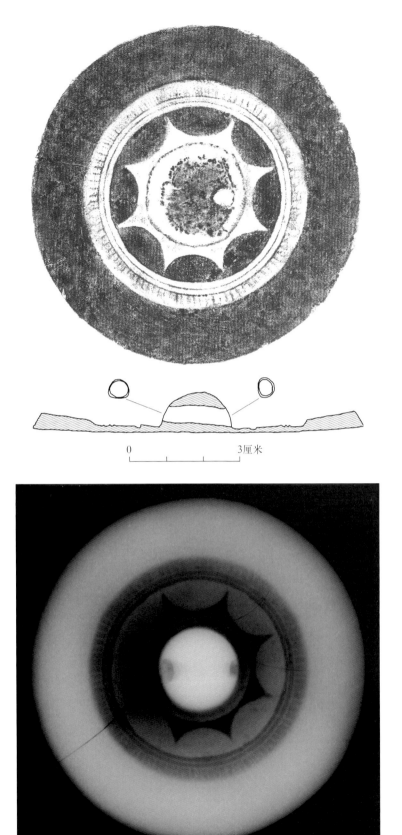

0　　　　　　　3厘米

图版一八六　云雷无铭连弧纹镜 CM12：12 拓片、剖面图、X 射线成像

云雷无铭连弧纹镜

2009HBDM18：3

半球形钮，圆形钮座。钮座外有一周凸弦纹，之外为内向八连弧纹，连弧纹与缘之间有重圈弦纹带和短斜线纹带。素缘。直径 12 厘米。

图版一八七　云雷无铭连弧纹镜 2009HBDM18：3

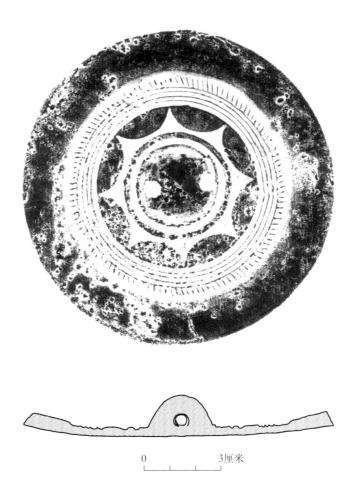

0   3厘米

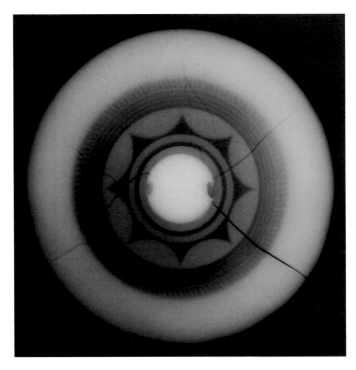

图版一八八　云雷无铭连弧纹镜 2009HBDM18：3 拓片、剖面图、X 射线成像

凹面圈带铭文连弧纹镜

AM67：1

半球形钮，宝珠形四叶钮座。钮座外为内向八连弧纹，连弧纹与缘之间为凹面圈带。钮座四叶间各有一铭，为右旋读"长宜子孙"。素缘。直径 11.5 厘米。

图版一八九　凹面圈带铭文连弧纹镜 AM67：1

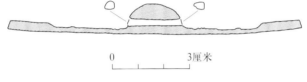

0　　　　　　3厘米

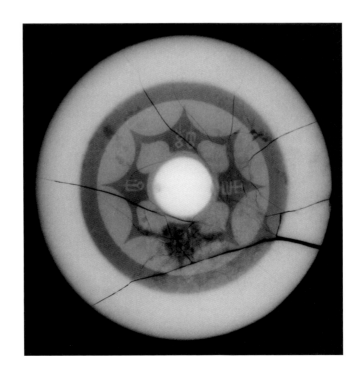

图版一九〇　凹面圈带铭文连弧纹镜 AM67：1 拓片、剖面图、X 射线成像

凹面圈带铭文连弧纹镜

2009HBXM147∶3

残。半球形钮，宝珠形四叶钮座。钮座外为一周凸弦纹，之外为内向八连弧纹，连弧纹和缘之间为凹面圈带。钮座四叶之间铭文残存"至、三"二字，推测四叶间铭文应为对读"位至三公"。素缘。

图版一九一　凹面圈带铭文连弧纹镜 2009HBXM147∶3

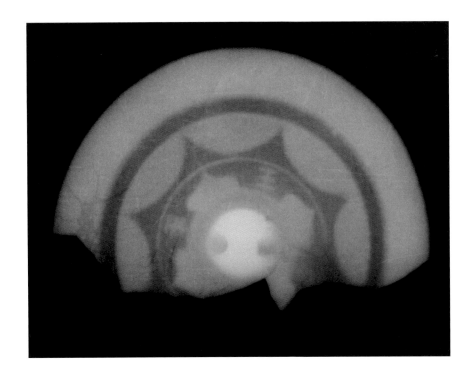

图版一九二　凹面圈带铭文连弧纹镜 2009HBXM147：3 拓片、X 射线成像

凹面圈带铭文连弧纹镜

CM3：15

半球形钮，蝙蝠形四叶钮座。钮座外有一周凸弦纹，弦纹外为内向八连弧纹，连弧纹与缘之间为凹面圈带。钮座四叶间各有一铭，为右旋读"长生宜子"。素缘。直径 11.5 厘米。

图版一九三　凹面圈带铭文连弧纹镜 CM3：15

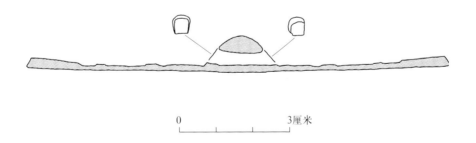

0　　　　　　3厘米

图版一九四　凹面圈带铭文连弧纹镜 CM3：15 拓片、剖面图

凹面圈带铭文连弧纹镜

CM4：1

半球形钮，蝙蝠形四叶钮座。钮座外为内向八连弧纹，连弧纹与缘之间为凹面圈带。钮座四叶间各有一铭，为对读"长生宜子"。素缘。直径 10.3 厘米。

图版一九五　凹面圈带铭文连弧纹镜 CM4：1

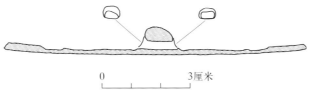

0   3厘米

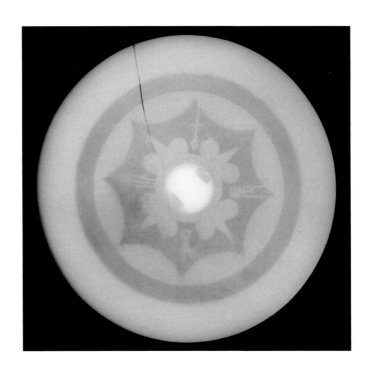

图版一九六　凹面圈带铭文连弧纹镜 CM4：1 拓片、剖面图、X 射线成像

凹面圈带铭文连弧纹镜

CM4：2

半球形钮，蝙蝠形四叶钮座。钮座外为一周凸弦纹，弦纹外为内向八连弧纹，连弧纹与缘之间为凹面圈带。钮座四叶间各有一铭，为右旋读"长宜子孙"，字体为长脚花式篆体。素缘。直径 14.5 厘米。

图版一九七　凹面圈带铭文连弧纹镜 CM4：2

0   3厘米

图版一九八　凹面圈带铭文连弧纹镜 CM4∶2 拓片、剖面图、X 射线成像

凹面圈带铭文连弧纹镜

AM26：1

半球形钮，蝙蝠形四叶钮座，叶茎和双瓣均附
于钮座上。钮座外为内向八连弧纹，连弧纹与
缘之间为凹面圈带。钮座四叶间各有一铭，为
右旋读"长宜子孙"。素缘。直径 12 厘米。

图版一九九　凹面圈带铭文连弧纹镜 AM26：1

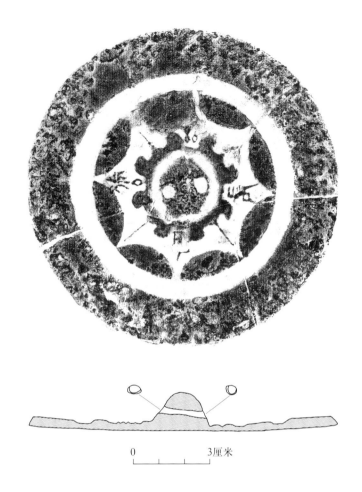

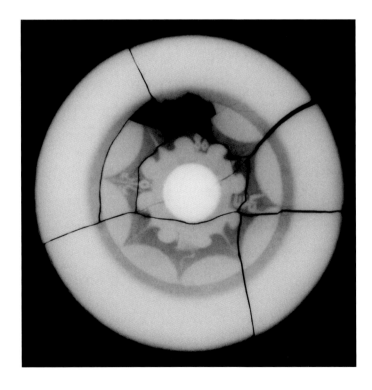

图版二〇〇　凹面圈带铭文连弧纹镜 AM26：1 拓片、剖面图、X 射线成像

凹面圈带铭文连弧纹镜

2010HBBM151：6

半球形钮，蝙蝠形四叶钮座。钮座外为内向八
连弧纹，八连弧与缘之间为凹面圈带。钮座四
叶间各有一铭，为左旋读"大吉利兮"。素缘。
直径 9.4 厘米。

图版二〇一　凹面圈带铭文连弧纹镜 2010HBBM151：6

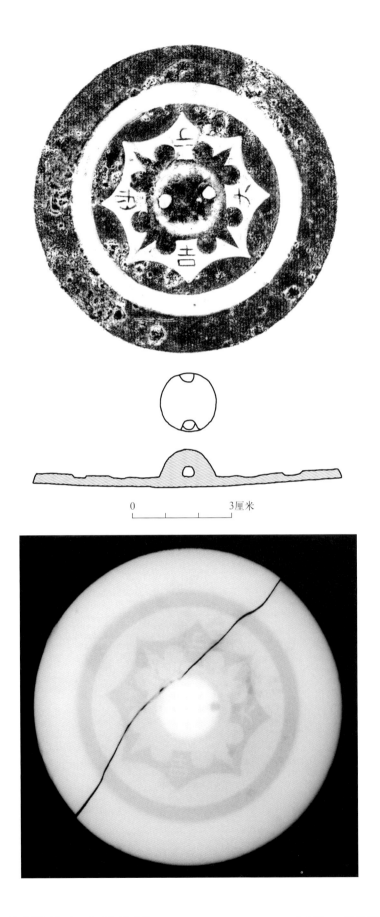

0   3厘米

图版二〇二　凹面圈带铭文连弧纹镜 2010HBBM151：6 拓片、剖面图、X 射线成像

凹面圈带铭文连弧纹镜

2009HBZM73：3

半球形钮，蝙蝠形四叶钮座。钮座外为内向
八连弧纹，连弧纹和缘之间为凹面圈带。钮
座四叶间各有一铭，缺失两字，仅余"生"
和"宜"，疑为对读或右旋读"长生宜子"。
素缘。直径 11.2 厘米。

图版二〇三　凹面圈带铭文连弧纹镜 2009HBZM73：3

0　　　　　　3厘米

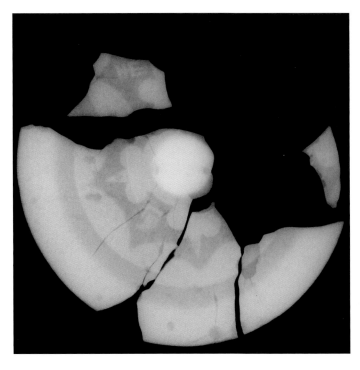

图版二〇四　凹面圈带铭文连弧纹镜 2009HBZM73：3 拓片、剖面图、X 射线成像

凹面圈带铭文连弧纹镜

AM2：1

半球形钮，蝙蝠形四叶钮座。钮座外为一周凸弦纹，弦纹外为内向八连弧纹，八连弧与缘之间为凹面圈带。钮座四叶间各有一铭，为左旋读"君长宜官"；八连弧内角各有一铭，为左旋读"生如山兮，子□□兮"。素缘。直径16厘米。

图版二〇五　凹面圈带铭文连弧纹镜 AM2：1

0 ___ 3厘米

图版二〇六 凹面圈带铭文连弧纹镜 AM2：1拓片、剖面图、X射线成像

凹面圈带铭文连弧纹镜

AM17：22

半球形钮，蝙蝠形四叶钮座。钮座外为一周凸弦纹，弦纹外为内向八连弧纹，连弧内角为"ㅇ"与"丨"相间，八连弧与缘之间为凹面圈带。钮座四叶间各有一铭，为左旋读"君宜高官"。素缘。直径 13.4 厘米。

图版二〇七　凹面圈带铭文连弧纹镜 AM17：22

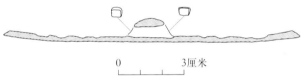

0   3厘米

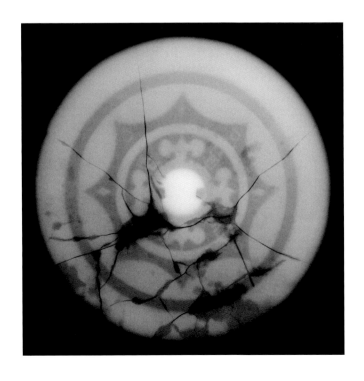

图版二〇八　凹面圈带铭文连弧纹镜 AM17：22 拓片、剖面图、X 射线成像

凹面圈带铭文连弧纹镜

AM54：1

半球形钮，蝙蝠形四叶钮座。钮座外为内向八连弧纹，八连弧与缘之间为凹面圈带。钮座四叶间各有一铭，为右旋读"长宜子孙"。素缘。直径 10.2 厘米。

图版二〇九　凹面圈带铭文连弧纹镜 AM54：1

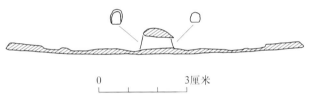

0   3厘米

图版二一〇　凹面圈带铭文连弧纹镜 AM54：1 拓片、剖面图、X 射线成像

凹面圈带铭文连弧纹镜

AM58：13

半球形钮，蝙蝠形四叶钮座。钮座外为一周凸弦纹，弦纹外为内向八连弧纹，八连弧与缘之间为凹面圈带。钮座四叶间各有一铭，为右旋读"位至三公"。素缘。直径 11.3 厘米。

图版二一一　凹面圈带铭文连弧纹镜 AM58：13

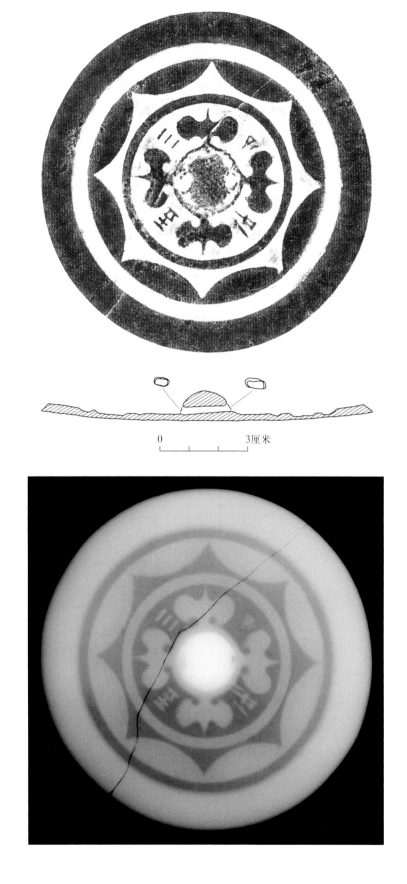

图版二一二　凹面圈带铭文连弧纹镜 AM58：13 拓片、剖面图、X 射线成像

凹面圈带铭文连弧纹镜

CM2：15

半球形钮，蝙蝠形四叶钮座。钮座外为内向八连弧纹，八连弧与缘之间为凹面圈带。钮座四叶间各有一铭，为右旋读"君长宜官"。素缘。直径 9.8 厘米。

图版二一三　凹面圈带铭文连弧纹镜 CM2：15

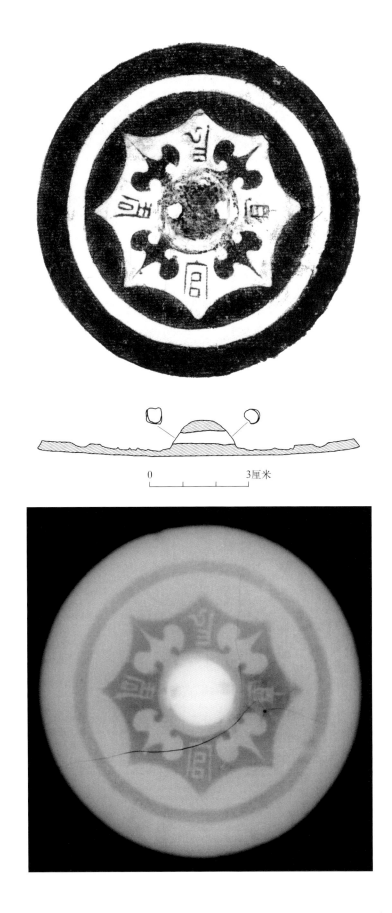

图版二一四　凹面圈带铭文连弧纹镜 CM2：15 拓片、剖面图、X 射线成像

凹面圈带铭文连弧纹镜

2009HBZM65：1

半球形钮、蝙蝠形四叶钮座。钮座外为内向八连弧纹，八连弧与缘之间为凹面圈带。钮座四叶间各有一铭，为右旋读"君宜高官"。素缘。直径 10.3 厘米。

图版二一五　凹面圈带铭文连弧纹镜 2009HBZM65：1

0 3厘米

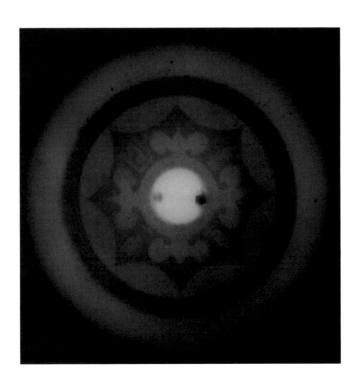

图版二一六　凹面圈带铭文连弧纹镜 2009HBZM65：1 拓片、剖面图、X 射线成像

凹面圈带铭文连弧纹镜

2009HBZM68：4

半球形钮，蝙蝠形四叶钮座。钮座外为内向八连弧纹，八连弧与缘之间为凹面圈带。钮座四叶间各有一铭，为左旋读"长宜子孙"。素缘。直径 10.6 厘米。

图版二一七　凹面圈带铭文连弧纹镜 2009HBZM68：4

图版二一八　凹面圈带铭文连弧纹镜 2009HBZM68：4 拓片、剖面图、X 射线成像

凹面圈带铭文连弧纹镜

2009HMLM90：3

半球形钮，蝙蝠形四叶钮座。钮座外为一周凸弦纹，弦纹外为内向八连弧纹，八连弧与缘之间为凹面圈带。钮座四叶间各有一铭，为右旋读"长宜子孙"。素缘。直径 10.4 厘米。

图版二一九　凹面圈带铭文连弧纹镜 2009HMLM90：3

0　　　　　　3厘米

图版二二〇　凹面圈带铭文连弧纹镜 2009HMLM90：3 拓片、剖面图、X 射线成像

凹面圈带铭文连弧纹镜

2009HMLM92:3

半球形钮,蝙蝠形四叶钮座。钮座外为内向八
连弧纹,八连弧与缘之间为凹面圈带。钮座四
叶间各有一铭,为左旋读"长宜子孙"。素缘。
直径 10.2 厘米。

图版二二一 凹面圈带铭文连弧纹镜 2009HMLM92:3

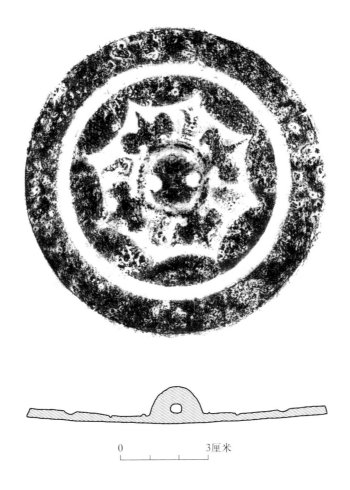

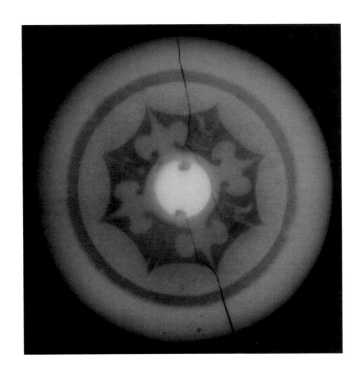

图版二二二　凹面圈带铭文连弧纹镜 2009HMLM92：3 拓片、剖面图、X 射线成像

凹面圈带铭文连弧纹镜

2010HBXM120：2

半球形钮，蝙蝠形四叶钮座。钮座外为内向八
连弧纹，八连弧与缘之间为凹面圈带。钮座四
叶间各有一铭，为右旋读"君宜高官"。素缘。
直径 11 厘米。

图版二二三　凹面圈带铭文连弧纹镜 2010HBXM120：2

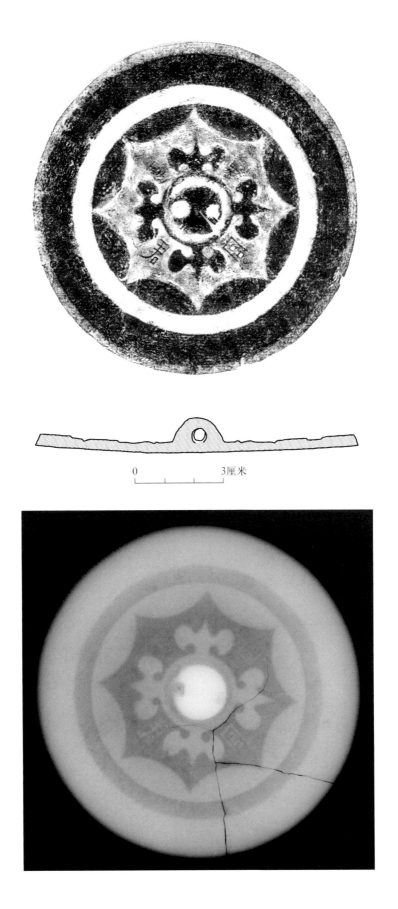

0　　　　3厘米

图版二二四　凹面圈带铭文连弧纹镜 2010HBXM120：2 拓片、剖面图、X 射线成像

凹面圈带铭文连弧纹镜

2009HBDM9：8

半球形钮，蝙蝠形四叶钮座。钮座外为内向八连弧纹，八连弧与缘之间为凹面圈带。钮座四叶间各有一铭，为右旋读"君长宜官"。素缘。直径 11.5 厘米。

图版二二五　凹面圈带铭文连弧纹镜 2009HBDM9：8

0　　　　3厘米

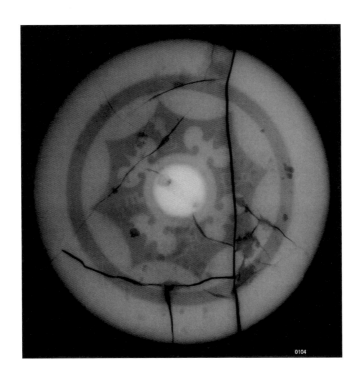

图版二二六　凹面圈带铭文连弧纹镜 2009HBDM9：8 拓片、剖面图、X 射线成像

凹面圈带铭文连弧纹镜

2010HCNM125：11

半球形钮，蝙蝠形四叶钮座。钮座外为一周凸弦纹，弦纹外为内向八连弧纹，连弧纹内角有"O""↑"，八连弧与缘之间为凹面圈带。钮座四叶间各有一铭，为左旋读"长宜子孙"，素缘。直径 19.1 厘米。

图版二二七　凹面圈带铭文连弧纹镜 2010HCNM125：11

0 ⊢⊢⊢⊣ 3厘米

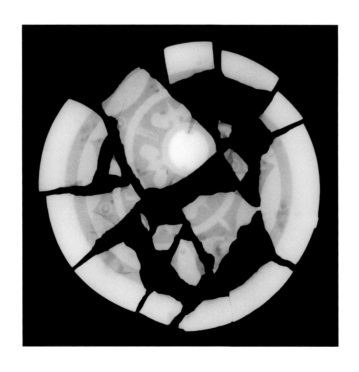

图版二二八　凹面圈带铭文连弧纹镜 2010HCNM125：11 拓片、剖面图、X 射线成像

凹面圈带铭文连弧纹镜

AM70：31

半球形钮，四叶钮座，四叶隐约可见呈扁桃形。钮座外为内向八连弧纹、八连弧与缘之间为凹面圈带。钮座四叶之间各有一铭，可看出其中一铭似为"位"字，其余无法辨别，但通过 X 射线成像可以辨认，镜铭为左旋读"位至三公"。素缘。直径 9.9 厘米。

图版二二九　凹面圈带铭文连弧纹镜 AM70：31

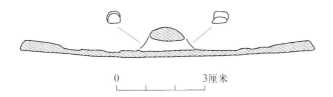

0　　　　3厘米

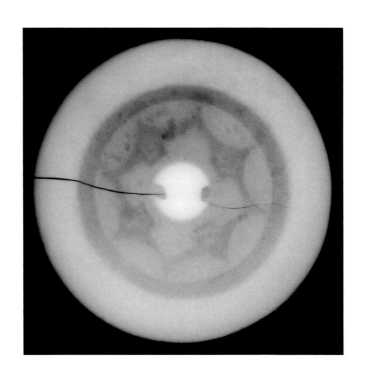

图版二三〇　凹面圈带铭文连弧纹镜 AM70：31 拓片、剖面图、X 射线成像

凹面圈带无铭连弧纹镜

AM42：1

半球形钮、圆形钮座。钮座外为一周凸弦纹、之外为内向八连弧纹，八连弧与缘之间为凹面圈带。素缘。直径 8.8 厘米。

图版二三一　凹面圈带无铭连弧纹镜 AM42：1

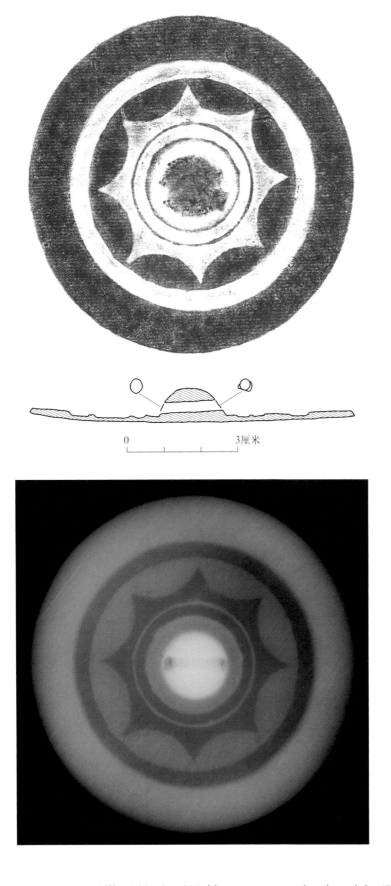

图版二三二　凹面圈带无铭连弧纹镜 AM42：1 拓片、剖面图、X 射线成像

凹面圈带无铭连弧纹镜

BM62：1

半球形钮，圆形钮座。钮座外有一周凸弦纹，之外为内向八连弧纹，八连弧与缘之间为凹面圈带。素缘。直径 8.5 厘米。

图版二三三　凹面圈带无铭连弧纹镜 BM62：1

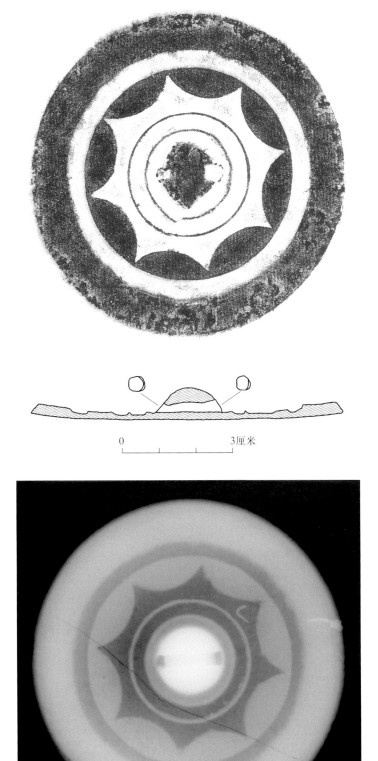

0　　　　　　3厘米

图版二三四　凹面圈带无铭连弧纹镜 BM62：1 拓片、剖面图、X 射线成像

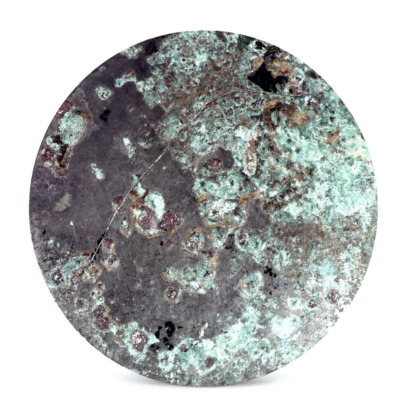

凹面圈带无铭连弧纹镜

2009HBZM49：13

半球形钮，圆形钮座。钮座外为一周宽凹弦纹，之外为内向八连弧纹，八连弧与缘之间为凹面圈带。素缘。直径 9.2 厘米。

图版二三五　凹面圈带无铭连弧纹镜 2009HBZM49：13

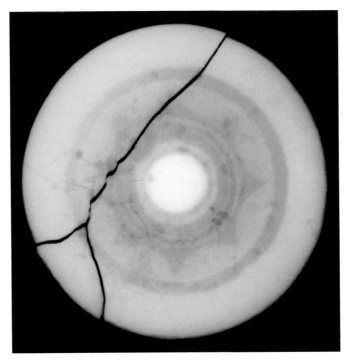

图版二三六　凹面圈带无铭连弧纹镜 2009HBZM49：13 拓片、剖面图、X 射线成像

凹面圈带无铭连弧纹镜

2009HMLM92：2

半球形钮，圆形钮座。钮座外为内向六连弧纹，
之外为凹面圈带。素缘。直径 5.3 厘米。

图版二三七　凹面圈带无铭连弧纹镜 2009HMLM92：2

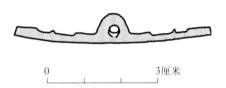

0   3厘米

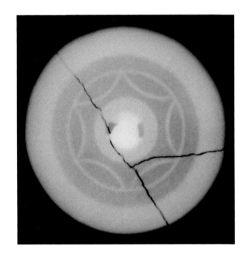

图版二三八　　凹面圈带无铭连弧纹镜 2009HMLM92：2 拓片、剖面图、X 射线成像

凹面圈带无铭连弧纹镜

2010HBBM151：7

半球形钮，圆形钮座。钮座外为一周宽凹弦纹，之外为内向八连弧纹，八连弧与缘之间为凹面圈带。素缘。直径5.9厘米。

图版二三九　凹面圈带无铭连弧纹镜 2010HBBM151：7

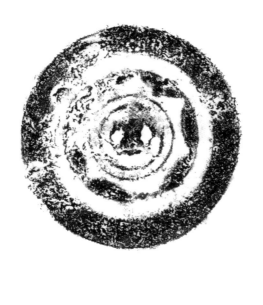

0　　　　　　　3厘米

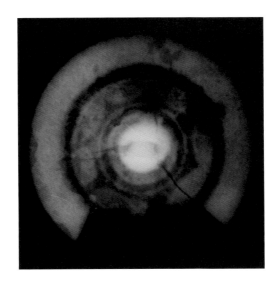

图版二四〇　凹面圈带无铭连弧纹镜 2010HBBM151：7 拓片、剖面图、X 射线成像

凹面圈带无铭连弧纹镜

2009HBDM52：1

半球形钮，圆形钮座。钮座外为一周宽凹弦纹，再外为内向八连弧纹，八连弧与缘之间为凹面圈带。素缘。直径 9.6 厘米。

图版二四一　凹面圈带无铭连弧纹镜 2009HBDM52：1

0　　　　　　　3厘米

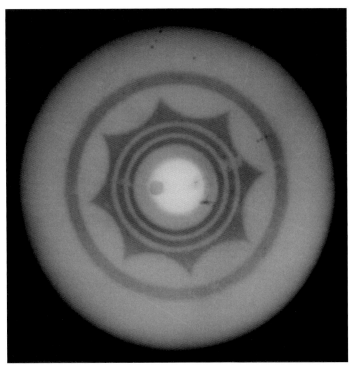

图版二四二　　凹面圈带无铭连弧纹镜 2009HBDM52：1 拓片、剖面图、X 射线成像

凹面圈带无铭连弧纹镜

2009HMNM4：20

半球形钮，扁桃形四叶钮座。钮座外为内向八连弧纹，八连弧外为凹面圈带。素缘。直径 6.5 厘米。

图版二四三　凹面圈带无铭连弧纹镜 2009HMNM4：20

0　　　　　　3厘米

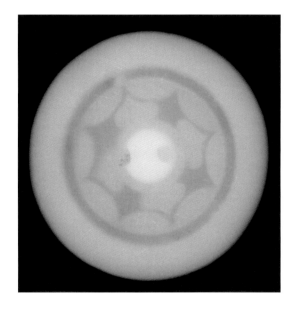

图版二四四　凹面圈带无铭连弧纹镜 2009HMNM4：20 拓片、剖面图、X 射线成像

对峙钱纹龙虎纹镜

AM47：2

半球形钮，圆形钮座。钮座外为主纹饰区，主纹饰区一侧钮穿上方为"五朱"钱纹，钱纹两侧有龙、虎对峙，龙和虎均为长尖角、凸目、大口、龟甲纹背、爪足，龙、虎尾部有一蛇状物。主纹饰区外为短直线纹带。锯齿纹、弦纹、波折纹三重纹饰带缘。直径9厘米。

图版二四五　对峙钱纹龙虎纹镜 AM47：2

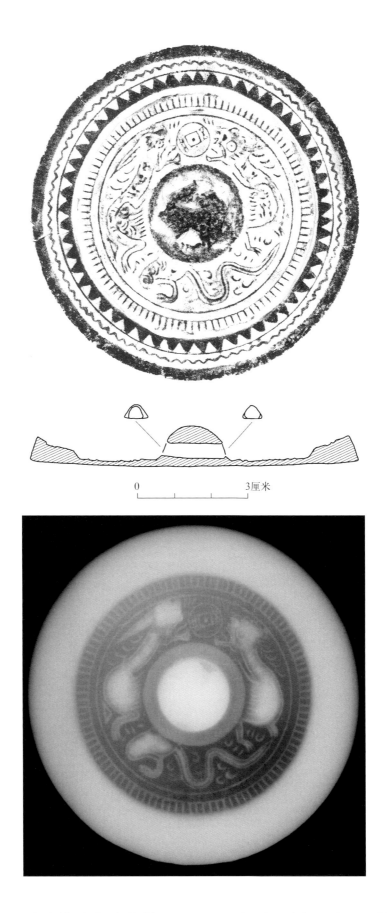

0 3厘米

图版二四六　对峙钱纹龙虎纹镜 AM47：2 拓片、剖面图、X 射线成像

对峙钱纹龙虎纹镜

BM35：1

半球形钮，圆形钮座。钮座外为主纹饰区，钮穿上方为"五朱"钱纹，钱纹两侧有龙、虎对峙，龙和虎均为长尖角，凸目，大口，龟甲纹背，爪足，龙、虎尾部有一只小鹿。主纹饰区外为铭文带，穿下方鹿脚位置起铭，为"尚方作竟大毋伤，巧工刻之成文章，日降备俱居中"。铭文带外有一周短直线纹带。锯齿纹、波折纹和锯齿纹三重纹饰带缘。直径 11.7 厘米。

图版二四七　对峙钱纹龙虎纹镜 BM35：1

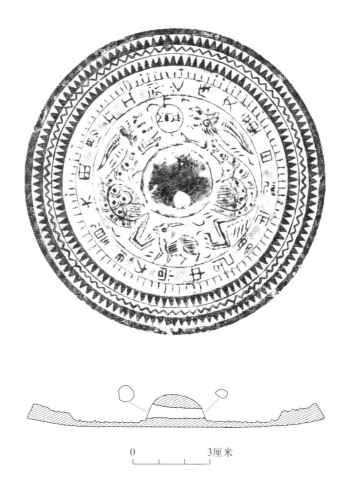

0 ____ 3厘米

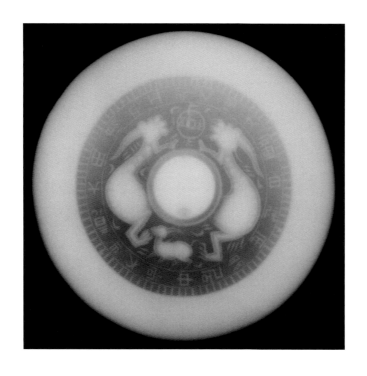

图版二四八　对峙钱纹龙虎纹镜 BM35：1 拓片、剖面图、X 射线成像

对峙钱纹龙虎纹镜

2010HCNM133：16

半球形钮，圆形钮座。钮座外为主纹饰区，一侧钮穿上方为圆形方孔钱，钱纹两侧有龙、虎对峙，龙和虎均为凸目，大口，爪足。主纹饰区外为短直线纹带。之外为锯齿纹带、两圈波折纹带。素缘。直径 10.5 厘米。

图版二四九　对峙钱纹龙虎纹镜 2010HCNM133：16

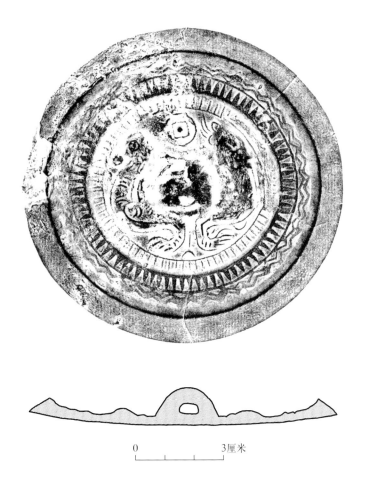

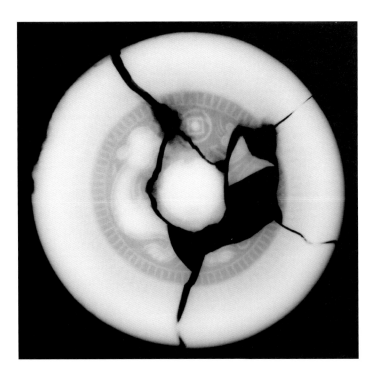

图版二五〇　对峙钱纹龙虎纹镜 2010HCNM133：16 拓片、剖面图、X 射线成像

对峙钱纹龙虎纹镜

2010HBBM151：2

半球形钮，圆形钮座。钮座外为主纹饰区，纹饰漫漶不清，依据五铢钱纹推测应该为龙虎对峙纹镜，主纹饰区外为短直线纹带、锯齿纹带。素缘。直径9厘米。

图版二五一　对峙钱纹龙虎纹镜 2010HBBM151：2

0　　　　　　　　3厘米

图版二五二　　对峙钱纹龙虎纹镜 2010HBBM151：2 拓片、剖面图、X 射线成像

对峙钱纹龙虎纹镜

2009HMLM93：5

半球形钮，圆形钮座。钮座外为主纹饰区，有相对两车轮，车轮两侧为龙、虎对峙，龙和虎均为长尖角、凸目、大口、龟甲纹背、爪足，主纹饰区外为短直线纹带。锯齿纹、波浪纹两重纹饰带缘。直径 9.3 厘米。

图版二五三　对峙钱纹龙虎纹镜 2009HMLM93：5

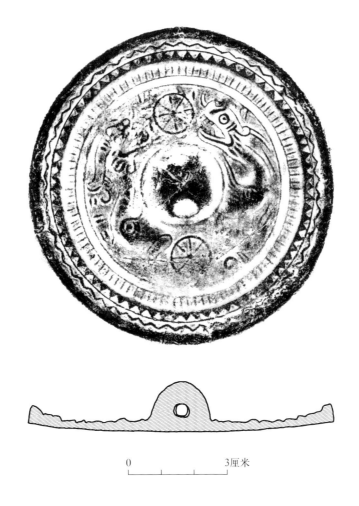

0 　　　　　　3厘米

图版二五四　　对峙钱纹龙虎纹镜 2009HMLM93：5 拓片、剖面图、X 射线成像

绕钮龙虎纹镜

BM1：6

半球形钮，圆形钮座。钮座外即为主纹饰区，内有绕钮分布的龙、虎，龙和虎均为长尖角，凸目、大口、龟甲纹背、爪足，龙、虎之间有一细目尖嘴长腿长尾兽，与其中一龙或虎相对。主纹饰区外为铭文带，等距离分布有"千万大吉"四字。之外为一周短直线纹带。锯齿纹、动物纹二重纹饰缘，动物为逆时针分布的朱雀、青龙、玄武、白虎。直径9.3厘米。

图版二五五　绕钮龙虎纹镜 BM1：6

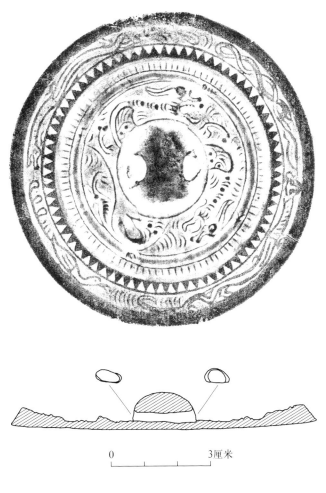

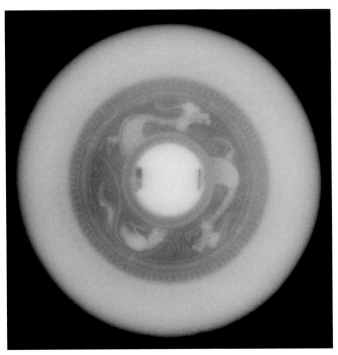

图版二五六　绕钮龙虎纹镜 BM1：6 拓片、剖面图、X 射线成像

变形四叶夔纹镜

AM18：1

半球形钮，圆形钮座。钮座外蝙蝠形四叶向外呈
放射状分布，将主纹饰区分为四区，四叶内各有
一"三"形饰，四叶之间各有一个简化夔纹。主
纹饰区外有一周宽凹面圈带。素缘。直径9.7厘米。

图版二五七　变形四叶夔纹镜 AM18：1

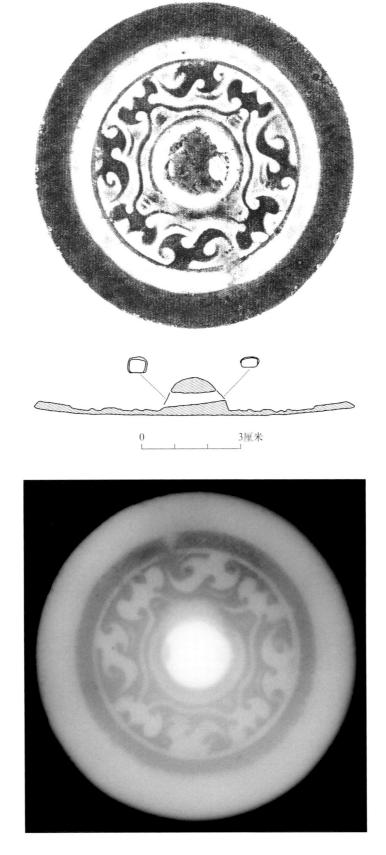

0   3厘米

图版二五八　变形四叶夔纹镜 AM18：1 拓片、剖面图、X 射线成像

变形四叶夔纹镜

BM21：30

半球形钮，圆形钮座。钮座外蝙蝠形四叶向外
呈放射状分布，将主纹饰区分为四区，四叶之
间各有一个夔纹。四叶间各有一铭，为右旋读
"位至三公"。主纹饰区外有一周细连珠纹。
云纹缘。镜背破损，有裂痕。直径 10.5 厘米。

图版二五九　变形四叶夔纹镜 BM21：30

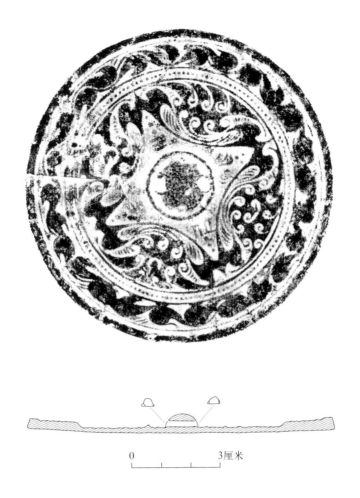

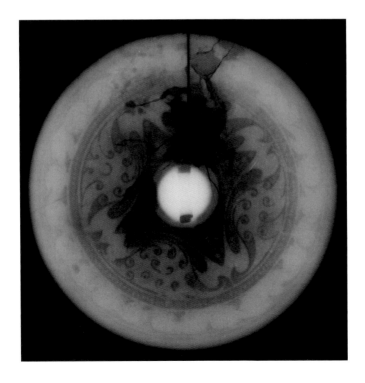

图版二六〇　变形四叶夔纹镜 BM21：30 拓片、剖面图、X 射线成像

变形四叶夔纹镜

2009HBDM9：3

半球形钮，圆形钮座。钮座外蝙蝠形四叶向外呈放射状分布，将主纹饰区分为四区，四叶之间各有一个夔纹。四叶内各有一铭，为"位至三公"。内向十六连弧纹缘。直径 11.7 厘米。

图版二六一　变形四叶夔纹镜 2009HBDM9：3

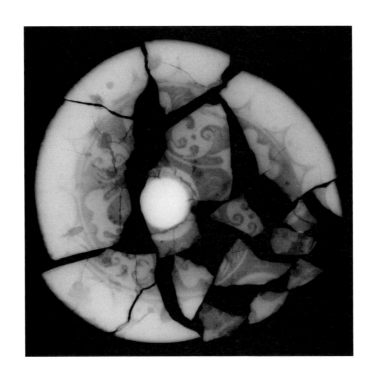

图版二六二　变形四叶夔纹镜 2009HBDM9：3 拓片、剖面图、X 射线成像

变形四叶夔纹镜

2010HBXM147：2

半球形钮，圆形钮座。钮座外蝙蝠形四叶呈放射状分布，将主纹饰区分为四区，四叶之间各有一个简化的夔纹，主纹饰区外为一周弦纹和一周宽凹面圈带。素缘。直径 9.3 厘米。

图版二六三　变形四叶夔纹镜 2010HBXM147：2

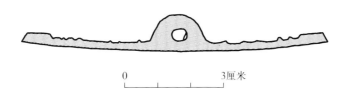

0   3厘米

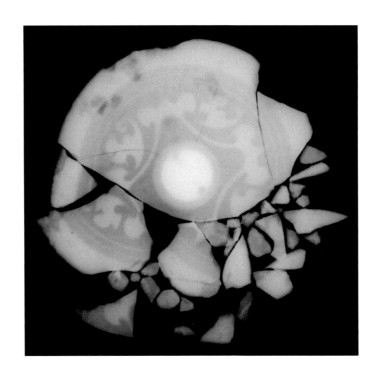

图版二六四　　变形四叶夔纹镜 2010HBXM147：2 拓片、剖面图、X 射线成像

变形四叶夔纹镜

2010HCNM133：17

半球形钮，圆形钮座。钮座外蝙蝠形四叶向外呈放射状分布，将主纹饰区分为四区，四叶之间各有一个夔纹，一圈弦纹穿过蝙蝠形四叶顶端和夔纹，四叶内各有一铭，为左旋读"君子利年"，蝙蝠形四叶尖端各有一弧形图案。之外为一圈凹面圈带。素缘。直径9.1厘米。

图版二六五 变形四叶夔纹镜 2010HCNM133：17

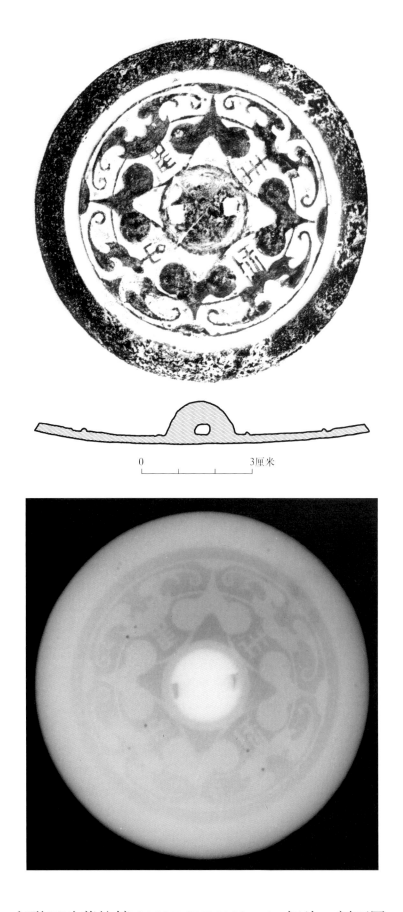

0   3厘米

图版二六六　变形四叶夔纹镜 2010HCNM133：17 拓片、剖面图、X 射线成像

变形四叶夔纹镜

2009HCNM114：15

半球形钮，圆形钮座。钮座外蝙蝠形四叶向外呈放射状分布，将主纹饰区分为四区，四叶之间各有一个夔纹，四叶内各有一铭，为右旋读"长生宜子"，之外为内向十二连弧纹。连弧纹与缘之间为凹面圈带。素缘。直径14.3厘米。

图版二六七　变形四叶夔纹镜 2009HCNM114：15

0 ⊢——┴——┴——┤ 3厘米

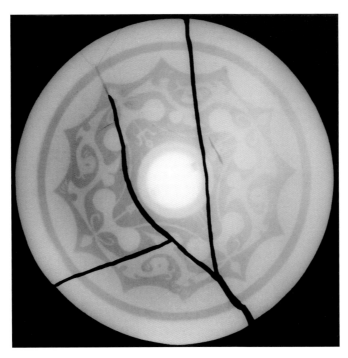

图版二六八　变形四叶夔纹镜 2009HCNM114：15 拓片、剖面图、X 射线成像

变形四叶对凤纹镜

BM22：8

半球形钮，圆形钮座。钮座外宝珠形四叶向外
呈放射状分布，将主纹饰区分为四区，四叶内
纹饰不清，四叶之间各有一对凤。四叶内有铭
文，文字模糊不清，似为右旋读"君长 [宜]
[官]"。内向十六连弧纹缘。镜背有破损。直
径 13.2 厘米。

图版二六九　变形四叶对凤纹镜 BM22：8

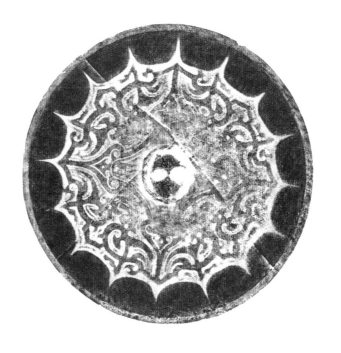

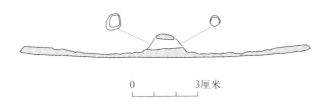

0　　　　　3厘米

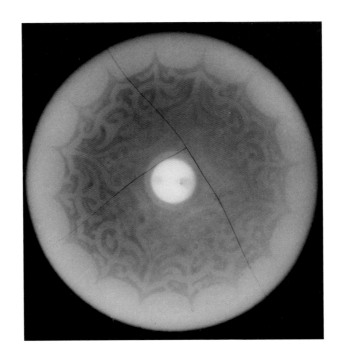

图版二七〇　变形四叶对凤纹镜 BM22：8 拓片、剖面图、X 射线成像

变形四叶羽人纹镜

AM46：1

半球形钮，圆形钮座。钮座外宝珠形四叶向外呈放射状分布，将主纹饰区分为四区，两叶之间又向外凸出一乳凸将每个区分为两部分、四叶及四乳凸外各有椭圆形小圈一个，四叶之间饰羽人和植物纹。四叶之外为内向十六连弧纹，其外为一周宽凹面圈带。素缘。直径12.1厘米。

图版二七一 变形四叶羽人纹镜 AM46：1

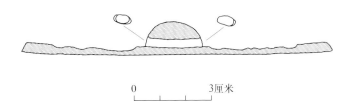

0　　　　　　3厘米

图版二七二　　变形四叶羽人纹镜 AM46：1 拓片、剖面图

鸟纹镜

2009HMLM92：1

半球形钮，圆形钮座。钮座外为主纹饰区，主纹为飞鸟纹，飞鸟躯体穿过钮座。主纹饰区外为一周短直线纹带，之外为一周锯齿纹带。素缘。直径 5.6 厘米。

图版二七三 鸟纹镜 2009HMLM92：1

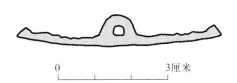

0   3厘米

图版二七四　　鸟纹镜 2009HMLM92：1 拓片、剖面图、Ｘ射线成像

变形夔龙纹镜

2009HMNM4：5

半球形钮，圆形钮座。钮座外为主纹饰区，主纹为变体双夔龙，之外为内向十二连弧纹，再外为凹面圈带。素缘。直径 10.8 厘米。

图版二七五　变形夔龙纹镜 2009HMNM4：5

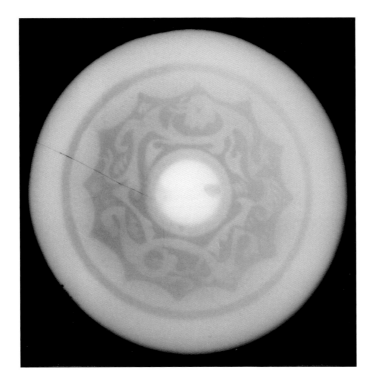

图版二七六　变形夔龙纹镜 2009HMNM4：5 拓片、剖面图、X 射线成像

变形夔凤纹镜

2009HCDM18：2

半球形钮，圆形钮座。钮座外为主纹饰区，主纹饰为夔凤纹，间有竖写铭文"位至[三][公]"，近缘处为一周短斜线纹带。宽平素缘。直径9.1厘米。

图版二七七　变形夔凤纹镜 2009HCDM18：2

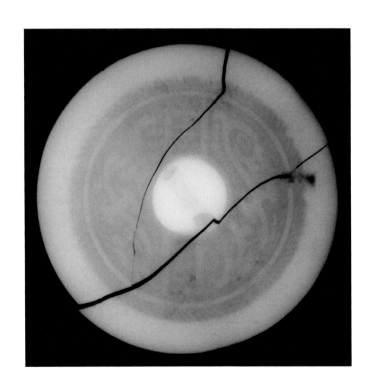

0   3厘米

图版二七八　变形夔凤纹镜 2009HCDM18：2 拓片、剖面图、X 射线成像

飞凤纹镜

2009HBDM191：9

半球形钮，圆形钮座。钮座外为主纹饰区，主
纹为飞凤纹，飞凤挺胸展翅，气宇轩昂，飞凤
躯体穿过钮座。主纹饰区外为一周短直线纹带，
之外为一周锯齿纹带。素缘。直径 6.3 厘米。

图版二七九　飞凤纹镜 2009HBDM191：9

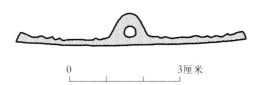

0　　　　　　3厘米

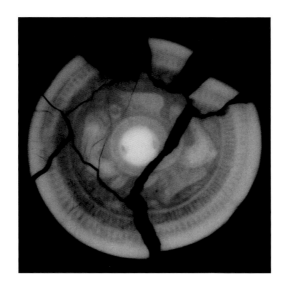

图版二八○　飞凤纹镜 2009HBDM191∶9 拓片、剖面图、X 射线成像

吾作环状乳神兽纹镜

2009HCDM18∶1

半球形钮、连珠纹圆形钮座。钮座外为主纹饰区，主纹可分为四组：三组为一神二兽，一组为一神人独坐，其间环列八个凸起状连珠纹圆圈。其外有十二个方枚和十三个卷云状半圆相间环列，方枚中各有一字，仅能辨识出"吾作明竟"。之外为一圈短直线纹带，再外为一圈铭文带，铭文为"吾作明竟，幽涷三商，周□□□，□□□□，□□□□，□□□□，□□□□，□□□□，□□□□，□□□□，□□□□□"。变形卷云纹缘。直径 12.6 厘米。

图版二八一　吾作环状乳神兽纹镜 2009HCDM18∶1

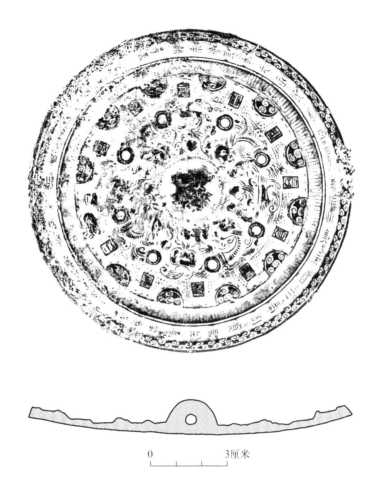

图版二八二　吾作环状乳神兽纹镜 2009HCDM18：1 拓片、剖面图、X 射线成像

小镜

AM70：1

半球形钮，圆形钮座。钮座外为主纹饰区，纹饰用线条表现，模糊不辨，主纹饰区外为一周凹弦纹，再外为短直线纹带。锯齿纹缘。直径6.9厘米。

图版二八三　小镜 AM70：1

0   3厘米

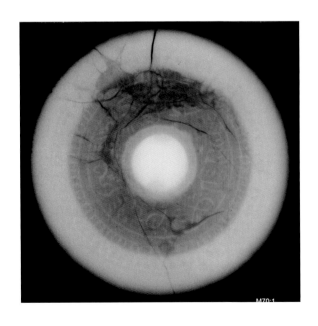

图版二八四　小镜 AM70：1 拓片、剖面图、X 射线成像

小镜

———

2009HCDM69：1

半球形钮，圆形钮座。钮座外有一周短竖线
纹带，主纹饰区纹饰模糊不清。主纹饰区外
为一周短竖线纹带和一周锯齿纹带。素缘。
直径 7.5 厘米。

图版二八五 小镜 2009HCDM69：1

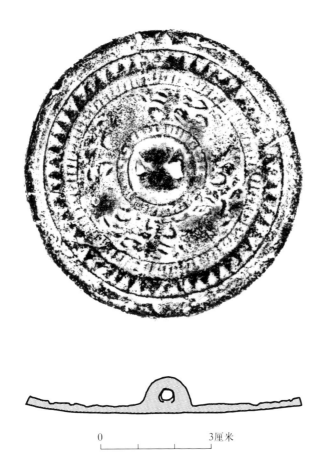

0　　　　　　3厘米

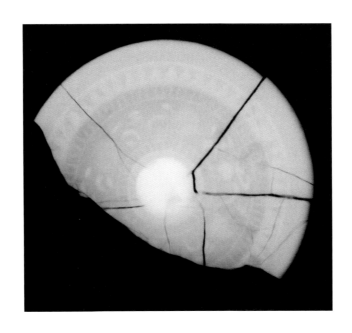

图版二八六　小镜 2009HCDM69：1 拓片、剖面图、X 射线成像

小镜

2009HMNM5：2

半球形钮，圆形钮座。钮座外即为主纹饰区，主纹饰区纹饰漫漶不清，主纹饰区外为一周凹面圈带和一周锯齿纹带。素缘。直径 7.5 厘米。

图版二八七　小镜 2009HMNM5：2

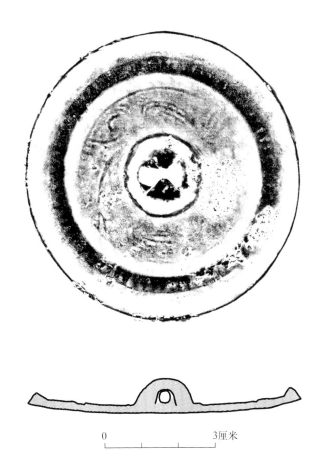

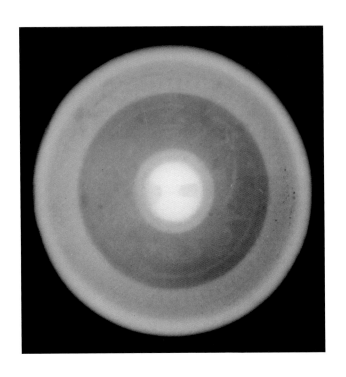

图版二八八　小镜 2009HMNM5：2 拓片、剖面图、X 射线成像

残镜

2009HBDM11：5

仅存少部分，纹饰不清，推测为变形四叶纹镜。
残长 13.5 厘米。

图版二八九 残镜 2009HBDM11：5

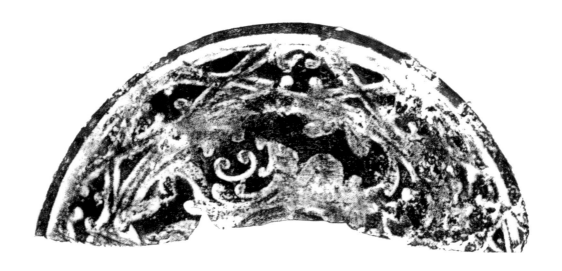

0　　　　　　3厘米

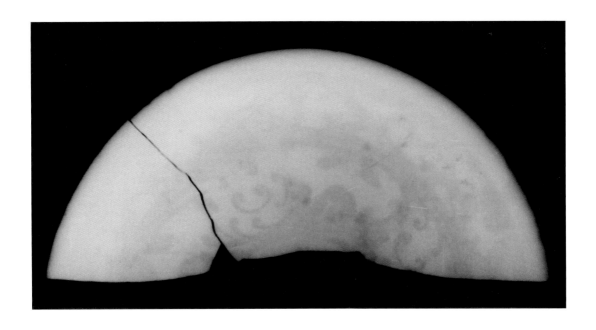

图版二九〇　残镜 2009HBDM11：5 拓片、X 射线成像

残镜

2009HCDM18：3

仅存一片镜缘，主体纹饰不辨，缘内有一周锯
齿纹。宽素缘。

图版二九一　残镜 2009HCDM18：3

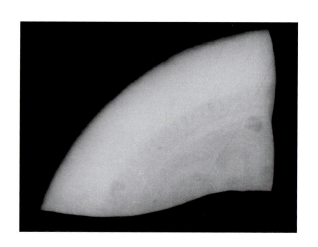

图版二九二　残镜 2009HCDM18：3 拓片、X 射线成像

后 记

2006 年夏至 2007 年冬，中国社会科学院考古研究所为配合南水北调中线工程文物保护项目，对河南辉县市孟庄镇路固村两汉墓群进行发掘，共清理 148 座两汉墓葬，出土近百件铜镜，应是南水北调中线工程文物保护项目出土铜镜最为集中的一批，且均有明确的出土背景和共存关系，有着极为重要的学术价值。野外工作于 2007 年底结束，2008 年春启动发掘资料整理，2017 年 10 月《辉县路固》（上、中、下）由科学出版社正式出版发行。《辉县路固》发掘报告被列为中国社会科学院创新工程 2017 年度重大科研成果。

在辉县路固汉墓资料整理过程中，我们发现部分铜镜有裂纹、破损，甚至有些还发现有害锈侵蚀，亟需修复和保护。2014 年初，恰逢河南省文物局负责南水北调中线工程文保工作的张志清老师到北京出差，在考古所办公室遇见，谈及此事，张老师非常重视，马上提出设立专项课题，对这批铜镜进行科学修复和保护。2014 年夏，河南省文物局委托中国社会科学院考古研究所，承担"南水北调中线工程河南省辉县市出土汉代铜镜修复、保护和综合研究"，岳洪彬为主持人，岳占伟、苗霞、王浩天、梁法伟和胡东坡等组成课题组。

项目启动后，张志清老师希望把整个南水北调中线工程文物保护项目中出土的历代铜镜全部纳入该项目进行统一修复和保护，并建议河南省文物考古研究所（现河南省文物考古研究院）的周立刚博士协助。2016 年周立刚博士到安阳工作站，与我们商量如何开展该课题。当时商定由我们负责辉县路固两汉墓群出土铜镜，周立刚博士负责中线工程其他区域所出铜镜，先列出铜镜清单，再与各发掘机构和收藏单位沟通修复之事。后因中线工程出土铜镜数量太多（据初步统计，有 330 余件铜镜），且收藏单位分散不易集中，尤其是周立刚博士作为中方代表参与的中蒙联合考古工作启动，无法再继续参与铜镜项目，后经与张志清老师商量，把该课题研究范围限定为辉县路固汉墓铜镜以及辉县市博物馆巡护施工现场时抢救发掘的汉墓所出铜镜。课题确定后，辉县市博物馆的勾鲜瑞馆长和辉县市文化局赵艳利局长积极协助，将 52 件铜镜打包装箱，并提供了详细清单和每件铜镜的出土信息等，为本课题的顺利开展奠定了基础。

2013 年 5 月，加拿大英属哥伦比亚大学的郭彦龙博士，采用便携式 X 射线荧光光谱仪（pXRF），定性和定量分析了辉县路固汉墓出土的 89 件铜镜的合金成分，并完成分析报告。

2016 年底，北京大学考古文博学院胡东波教授团队，完成了对绝大部分铜镜（其中有 8 件铜镜调往郑州展览，未能拍摄）的 X 射线拍摄和数据分析。

2016 年夏至 2017 年底，中国社会科学院考古研究所文化遗产保护和研究中心王浩天研究员团队，运用最新的修复和保护理念，完成了对所有铜镜的修复和保护工作，并就辉县市博物馆的 52 件铜镜撰写修复保护报告。

在铜镜整理过程中，白云翔先生自始至终给我们以热情帮助和细心指导，建议我们对每件铜镜绘制剖面图，并从日本帮我们购得两套绘制铜镜剖面图的专用工具，亲自带领日本学者南健太郎先生到安阳工作站，认真观察每一件铜镜，为我们留下近百页的观察笔记。南健太郎先生与安阳工作站技师黄晓芳共同协作，完成了百余件铜镜的剖面图绘制工作。

铜镜拓片由中国社会科学院考古研究所安阳工作队的何海慧和王好义制作，照片由岳占伟和何凯拍摄，图版编排和文字说明由苗霞、王涛、梁法伟、赵艳利完成，岳洪彬通览全稿。

在 X 射线成像拍摄和拓片制作期间，安阳市文物考古研究所孔德铭所长和安阳博物馆周伟馆长多方协调，为课题的顺利开展提供诸多便利。

图版编排过程中，中国文物学会青铜专业委员会孔震、周志豪、乔菊影等在镜铭释读方面提出了很好的建议。孔祥星和刘一曼两位先生审阅了全稿，并提出了许多宝贵意见，孔祥星先生于百忙中拨冗为本书撰写了序文。

河南省文物局、中国社会科学院考古研究所和河南省文物考古研究院的各级领导，在课题立项、经费资助、项目展开、各阶段验收和成果出版等方面，都提供了大力支持。文物出版社责任编辑秦或不辞辛劳，加班加点，高质量、高效率地完成了本书的编辑出版。

如果没有上述诸位领导和学友的热心支持和无私付出，本书不可能顺利出版。在此，对所有帮助过本课题的领导和学友们表示衷心的感谢！

鉴于本课题组多数成员为夏商周考古学领域的学者，对秦汉考古和两汉铜镜并不谙熟，虽然我们也已竭尽全力，但仍不免疏漏。敬请批评指正！

编　者

2021 年 10 月 22 日